みさきっちょ

いしいしんじ

YOSHIFUMI HASEGAWA

絵　長谷川義史

＃1

カニとり

オレが住んでたのは、日の出。西村さんの横に昔、コインランドリーあったべ。いまは地べたの駐車場になってっけど。あの隣。モチクの坂おりてった角の白い家。

前は、小学校の、白木先生がひとりで住んでたって。

東西南北、四方に窓があんだよ。天気のいい日は夜明けからぜんぶあけて風いれて、で、ボーッとして、ちょこちょこっ、て鉛筆うごかして、またボーッとして、また、ちょこちょこっ、て鉛筆うごかして……。

すんとよ、正面の窓の下、うちのまん前のアスファルトから、頭わるそうなガキどもの合唱が、不気味な声で、わきあがってくんだよな。

しんだ、しんだ、いしい、しんだ
しんだ、しんだ、いしい、しんだ
しんだ、しんだ、いしい、しんだ

「しんでへん」

海側の窓から顔だしてどなる。

「ぜんぜん、しんでへんわ。オレ、朝からタマゴくうて、じゅうぶんすぎるくらい、二十二世紀くらいまで生きとるっちゅうねん」

「ねー、しんださん」

リーダー格のめいが淡々という。

「ねー、カニとりにいこーよー」

「は。カニとり？」

オレは、イタリア人みたいに肩をすくめ、手をひろげて、

「おまえら、あのな。見ててわからんか？　オレ、いま働いとんねん。ずーっと、小説、てわからんか、マンガやない、字ぃの本のはなし、書いてるとちゅうやねん。な、じゃますんせんとな、はよ、帰れ。去ね。な」

と、また、歌がはじまんだ。

しんだ、しんだ、いしい、しんだ

しんだ、しんだ、いしい、しんだ
しんだ、しんだ、いしい、しんだ

真っ昼間から不吉な合唱をバックに、めいの妹、五歳のるなが、

「うそだね！」

全身でどなる。

「さっきからうちら、ずっと見てんだよ。しんださん、さっきからずっと、ぜんぜーん、はたらいてねーじゃん。ボーッとしてんだけじゃん。ずーっと、見てたんだって。ネ！　だからもう、さっさとカニとり、いくよ。ボーッとしてんじゃねーって！」

「ワカリマシタ」

オレは神妙につぶやくと、コトコト階段おりて、虫かごに捕虫アミさげて、玄関をでてく。

太陽の光がめちゃまぶしい。ガキどもの背中はみんなガーナ人の影みたいに真っ黒く日焼けしてる。

この港に越してまだ八ヶ月のオレ。三崎のことについっちゃ、五歳のガキであろうが、三歳の猫だろうが、あっちがセンパイだ。向こうに理があんときは、どんなことだって従わなくちゃ

なんない。

岸壁じゃカニ八匹つかまえた。センパイたちはギャアギャア叫んで喜んだ。机でボーッとしてるよりか、よっぽど働くじゃん、しんださん、カニとりになんなよ、ぜってーそのほうが向いてるって、て、そうアドバイスされた。

#2
看板

はじめて三崎に来たのは二〇〇一年の秋。京急バスに揺られ、三崎東岡からの坂道を転がり落ちてくと、公園にでた瞬間、ぱっと視界がひらけ、目の前は海ばかりになった。

あわてて降車ボタンを押し、おりたのが日の出のバス停だった。スナック街を歩き、商店街を歩いた。古い蔵があった。駄菓子屋とおもちゃ屋がならんでいた。

「ポパイ食堂」「バー夜霧」「ニコニコ食堂」「ニューバッカス」。店の名前がかっこよかった。店の看板も、どこもかっこよかった。

暗くなってきた。細い路地の途中になぜか鳥居が立っていた。なんの気なしに石段をあがり、お賽銭をいれて手を合わせた。「よいこが住んでるよい町は」のメロディが、夕空に、五線譜がたなびくように流れていった。

路地をさまよい歩くうち、黄色い灯りがみえた。舗装路を蛇行しつつ、夕闇をかいて進んでいくと、そこは魚屋だった。「まるいち魚店」と看板にある。

「おー、買ってけよ買ってけよ買ってけよ」と、威勢のいいガラガラ声で、紺色ジャンパーの男性が手を叩きつついった。店の脇でもうひとり、渋い顔の男が缶ビールをつまみに包丁を洗っていた。

黄色い灯りは、吊り下げられた電灯から発せられていたが、店先の魚たちも、それぞれがちがう輝きを放ってみえた。まるで生乾きの油絵のようだった。

ぼくはガラガラ声に促されるまんま、まぐろの切り落とし、まぐろの目玉、さざえを買った。京急線で浅草にもどり、一升瓶を抱えて「まるいち」の魚を食べ尽くし、夜半に横になると、三崎の町がぼくのなかに移ったのがわかった。


翌週、また京急バスで坂をくだり、今度は三崎港の停留所でおりた。焼き板張りの、海っぽい店舗が目についた。看板に「オーシャンフロント」とある。

「ごめんくださーい」

とドアをあけたら、そこに、あんたゼッテー石原裕次郎意識してんだろ、とつっこみたくなる、長身にスラックス、横縞のセーターを着たおじさんがいた。社長の勝又さんだとあとで知った。

「なんだ」というのは、初めて来店した客にかけることばとしては、けっこう珍しくないだろうか。

「なんだよ、あんた」

「え、このへんに引っ越そうかとおもいまして」と僕はこたえた。「安くて住みやすそうな物件ないすか」

「ふーん」と勝又さんはいった。「あんた、仕事ナニ？」

「え」僕は一瞬口をつぐみ「自営業です」とこたえた。

「自営業ったって、いろいろあんだろ」と勝又さんは椅子の背にもたれかかって足を組んだ。

「いいオトナがよ、平日の昼間っからこんなとこでウロウロしてんだ。ろくな自営業じゃネーだろ、オイ」

僕は少しうなだれ、「小説とか、書いてます」といった。

「やっぱりな」と勝又さん。「どーせ、そんなこったろうと思ったんだよ」そうして目をつむり、額にてのひらを当てると、「うん、わかってきた。あんたの住みたい家、だーんだんわかってきた。アパートやマンションはヤだろ？」

「はい」

「やっぱしな。古い一軒家でいいんだよな」

「はい」

「うーん、わかった。よし見えた。さ、クルマ乗れ」といって勝又さんは外へ飛びだし、ライトバンのドアをあけた。ドアをあけて僕がはいってからここまでおよそ三分。

走ること一分、ライトバンは埠頭沿いの道から見覚えのある路地に折れた。

「あ、ここ、日の出」

「なんだ、知ってんじゃねえか」といって勝又さんはハンドルを切り、「ホイ、ここ、古い、いっけんや、と」調子よくことばを切りながら、ブレーキを踏みつけた。

白いペンキの板が全面に打ちつけてある南東向きの二階家。隣はコインランドリー。スナック街のどまんなかだ。

「ここんちがよ、ちょっと、おもしろいんだよ。さ、あがりな」

勝又さんのことば通り、一階の天井が極端に低く、柱はむきだし、板間に水場とキッチンが作ってある。それに四畳半。二階へとつづく階段が、四畳半の両側にふたつあるのも変。そして二階にあがると、天井はひろびろと高く、押入は全部とりはずされ、木枠だけが残っている。雨戸をあけると手を伸ばせば触れられそうな波打つ海に、赤い城ヶ島大橋が真正面にかかっていた。

「ここ、借りますわ」

口が勝手に動いていた。

「そういうと思ったよ。オレはよ、なんでも勘が働くんだ」

それから勝又さんは、オレのいちばん好きな三崎を見せてやるよ、といって、埠頭沿いを走り抜け、三崎の西側にまわりこんだ、歌舞島《かぶじま》公園の前でライトバンを停めた。

「どうよ、オイ」と、自分のものみたいに指さす。相模湾の向こうに、冬の空気に、刃物みたいに輪郭を光らせた富士山が、人間をみおろすようにそびえていた。

勝又さんはじっと山を見すえていたから、気づかなかったかもしれない。海と反対側の崖のふもとに、こぢんまりした祠がみえた。その奥から白い毛のなにか、大型犬のようなものが走り出て、切り立つ崖の側面を、アルプスの山羊さながら、四肢を精一杯のばして駆けあがった。

僕は思わず、富士山でなく、この白いものに向かって手を合わせていた。なんだか自分にとって大切なものを見せてもらった気がして。

勝又さんの事務所を出て、まるいちにいった。ふたりの男たちは僕を見覚えていた。

「三崎に引っ越すことになりました」

僕がいうと、ガラガラ声の男は、

「えー、やめとけって、ろくなとこじゃーねえから」

ビールとタバコの男は、

「こんなところ来たってよ、チンポのつかいみち、なーんもねえ。しゃんねえべ」

二週間後、浅草の家を引き払い、三崎の家に引き移った。またまるいちにいって、

「今日、越してきました。よろしくお願いします」

と引っ越しあいさつ用の手ぬぐいを差し出したら、ふたりの男は声をそろえて、

「おめー、バッカじゃねえのかよ！」

そういってゲラゲラ笑った。

ビールとタバコの男は、まるいちの店主ノブさん、ガラガラ声の男は、その兄、セイちゃんだとその日に知った。

#3 世界一の港

「夜明けまでドンチャンさわぎで、明るくなって、昼間そうじしてるとよ、ソファの隙間やら、背もたれのうしろやら、ぞーろぞろ、聖徳太子、何枚も出てきやがってよ」

と、これは、三崎のどのスナックでも、昭和中期をなつかしむマスターの口から、かならず飛びだすエピソード。

ほかにも、入れ込んだ女へのプレゼント用に、船員が手かぎで冷凍マグロ引きずってきたとか、公園角のレコード屋さんが「涙の連絡船」のドーナツ盤を日本一売ったとか、ジャイアンツのミスター長嶋とマイトガイ小林が並んでマグロステーキ食ってたとか、そんな風な話なら、いっくらでもでてくる。

日本初の、遠洋漁業の港だった。黄金色のマグロを追い求めて、日本じゅう、世界じゅうから、若い船員、漁師たちが集結した。ひょっとして当時、世界でいちばん賑わっていた港町かもしれない。いや、ぜってーそうだろう。夜の「三崎銀座」を歩くと、両隣を行き交うひとと、絶えず肩がこすれ合った。東京の元祖・銀座と同等か、それ以上の賑わいだった、というひともいる。

三崎の埠頭も、荷揚げと出港を待つマグロ船がすし詰めで、それこそバブルの頃の銀座の、タクシーの客待ち状態だった。いったん船をおり、陸にあがった若い船員たちは、次の出航まで三ヶ月は待たなければならなかった。オーシャンフロントの勝又さんが僕に紹介してくれたのは、そんな船員たちを泊めておくための、元・簡易宿屋だ。

玄関の横に、宿の受付だったらしい窓のあとがある。階段が手前に一本、奥にもう一本あるのは、近所のひとの話では、手前からあがっていったところの十畳間は、若い連中のための雑魚寝部屋。奥の階段をあがった四畳半は、船長の個室。

宿屋の隣、いまは空き地、コインランドリーのあった場所は、もと置屋で、宿屋の二階部分と空中通路でつながっていた。おんなたちはそこを通って船長の個室にはいり、手を尽くしてさまざまな「サービス」をした。ふすま一枚むこうの若い船員たちは、悶々としながら物音をきかされ、ある瞬間爆発し、ウオーとかなんとか吠えながら、狭い階段を駆け降り、周囲に散らばるネオンの宝石のなかへ泳ぎこんでいく。そのようにして、夜明けまでのドンチャンさわぎがはじまる。

僕の寝床は、畏れ多くも、船長の個室にのべた。仕事机は、雑魚寝部屋の真ん中にすえた。

窓をあければそこに北条湾と城ヶ島大橋が「ある」。本とレコード、オーディオセットは、若い船員たちの使っていた、ふすまを取っぱらってすえつけた木の棚にならべた。

一階の厨房でごはんをこしらえ、奥の四畳半で三崎港報をめくりながら食べる。青ペンキの塗られた風呂。水洗銃つきの、木の床のトイレ。一階も二階も、東西南北、四方の窓があけられる。ひとりものの、「ろくでもない自営業者」が住むには、申し分のない一軒家、というほかない。


三崎をあたらしく訪れた若いひとは、いったいこの古い港町に、ほんとうにそんな繁栄の日々があったのか、といぶかしむかもしれない。三崎蔵。露地の鉢植え。丸まった猫たち。頭のなかの「古き良き昭和」を、そのままジオラマ化すれば、きっとそれは三崎の町並みになる。

「いい風景ですねえ」と、東京からうちを訪ねてくれたお客さんは、吐息をつき、理想のふるさとを懐かしむようにいう。「時間が、とまってしまってるみたいですね」

僕もはじめはそうおもった。けれど、住んでいるうちにだんだんと、そんな単純なことでもないらしい、とわかってきた。

昭和の風景が、残っている、んじゃない。「残ってしまった」のだ。遠洋漁業の実験が、三崎でうまくいく、と実証されるや、マグロ漁の本拠地は、より大規模な埠頭をもつ焼津や清水に移された。三崎銀座の賑わいは、口をすぼめ、次々ろうそくに息を吹きかけていくように、一気に鎮まってしまった。

その後、日本じゅうを包んだ平成バブルの大波も、せいぜい横須賀止まりで、ここ三崎の地には、しぶき程度も打ちよせなかった。下町のどこにも、マクドナルドやユニクロのおなじみのロゴは見当たらない。「来てくれなかった」。グレートチェーンが撤退したあと、地元のおばあさんたちは、京急バスに乗って三崎東岡まで、食材や日用品を買いにあがっていかなければならなくなった。みんなどれほど、イオンみたいなもの、に来てもらいたがっているか。

でも、三崎のひとたちは誇り高い。愚痴をこぼしても冗談まじりで、弱っちいところをぜったいひとに見せない。意地っ張りをこえた意地の壁。飲めば際限なく飲み、翌朝、砂で洗ったようなボロボロの顔をして、けれども仕事の手はけして休めない。

昔はよかったよ、などとは、口が裂けてもいわないし、そう思ってもいない。そんなことといっているヒマはない。日々の飯。ゴミ捨てのこと。パチンコ。約束。犬のこと。寝たっきりになった身内のこと。やんなきゃなんないことがまわりにはいくらでもあんだよ。

ひとりひとりのこころがにぎわってる。黄金色のマグロが、胸の内で、ぴちぴち跳ねている。

三崎の繁栄がふしぎなら、スナックや料理屋を覗き、百年前からそこに居着いているような、陽に焼けたひとたちに話をきいてみればよい。世界一の港、三崎は、そこに流れてきた新しいひとたちを、分け隔てなく受けいれる。昔の三崎のことを話して笑う。いまの三崎の話をしながら笑う。どっちにしてもいつも笑っている。

繁栄の結果、三崎に残された宝物は、三崎に生まれ、三崎で育ち、三崎に住んでる「ひと」だ。それしかない。そんな宝しか、残らなかった。

だからこそ、世界一の港なんだ。

#4 ろくでもない自営業

書きものは午前中にすませるから、午後はずっとふらふら、いい大人が、日中からなにもせず歩いてる。

「ろくでもない自営業者」の転入に、三崎のひとびとも、当初は、さすがにとまどっていた。当時はまだ、下町に誰か新しい人間が引っ越してくるなんて、思いもよらないことだったのだ。

しかも真冬。西からの寒風が吹きまいている。まるいちや酒屋さんへ出かけるとき、寒がりの僕はバスタオルやボロ布を頭にぐるぐるまきつけ、首には大きながま口、手にはおばちゃん風の籐の買い物かごをぶらさげていった。誰の目からみてもあやしすぎる。

警戒の溝を軽々とこえてきたのは、どこの土地でもそうだとおもうが、こどもたちだった。二階で書きものをしていると、一階のどこかから、クスクス、サワサワ、ひそめた声がきこえてくる。そーっ、と階段をおりていって、見まわす。

誰もいない。

二、三日そんなことがつづいたあと、神棚の注連《しめ》飾りをしつらえていると、向かいの家の次女と三女が、友だちをつれ、自分の家に帰るみたいな自然さで、ドタドタあがりこんできた。いきなり冷蔵庫をあけ、

「大根、トマト、麦茶、ぜーんぶ半分」

「たまごも半分！」

とチェック。ゆでたまごを半分残してたわけじゃなく、六個パックのうち三個が残ってたのだ。

それからいろいろと質問を投げてきた。飽きると、なにもいわなくとも、家じゅうをあちこち散策しはじめた。ふたつの階段を発見するや、いつまでもいつまでも、三人がひとつに溶け合うまで、ぐるぐるぐるぐる、永遠にまわりつづける。

「いしいさんは、このままずっと、おじいちゃんになるまで、ここ住んでていいからね」

次女のめいがそう、お墨付きをくれた。僕は正座し本気で頭をさげた。二〇〇一年、十二月二十七日、夕方のことだ。

次は老人だった。家の北側の古いバー、モチクのバーテン、佐々木さん。じつは近所で初めて声をかけてくれたのはこの佐々木さんで、当時、たぶん八十前くらいだったとおもう。十二

月十二日、引っ越しの荷物をすべてほどいて、表を掃除していると、

「ま、しっかりやんなよ」

と話しかけてきた。一週間後にはお店に呼ばれた。水割り三杯で七百円だった。ソファ席で隣りあった佐々木さんから、

「いしいくんは、これから息子としてあつかうからよ」

といわれた。実家から送ってくるという天ぷら油を一升瓶でくれた。佐々木さんの実家は銀座の有名な天ぷら屋さん「茂竹」だ。

東京の山手線で見るような、システムエンジニアみたいなしゃべり方のこどもはいないし、アンチエイジングに励む七十代はいない。こども、老人が、三崎下町では堂々と、こども、老人をやっている。バブルの波やイオンが届かなかったことと、なにか関係しているのかもしれない。

僕が越した頃はまだ、おもちゃのマルフクがこども天国として君臨していたし、駄菓子屋でおこづかいを使う小学生の姿が毎日みられた。その同じ通りを、高野湯《たかのゆ》帰りのじいさんが、缶ビールをすすりすすり、雪駄《せった》を引きずって歩いていく。

おとなもこどもも老人も、みんな、飾りつけない。服は着てても、三崎の人間は、こころが

裸族だ。

ホラはふいても、ひとはだませず、港の地形とおんなじで、東西南の三方が、すっからかんに吹きっさらし。だからみんな、海を向いた漁師んちの飼い犬みたいに、まっすぐすぎるまなざしをしている。それでときどき、すぐ足もとのどぶに落っこちる。

家にいるとき、三崎では、カギをしめたことがなかった。下町の人間は、たぶんみんなそうだろうとおもう。盗られて困るものはなんもないし、そもそも、しめたりあけたり、かったるくてしゃあない。

引っ越して半年ほどたつうち、用事で横浜にいって、日が暮れてから京急で帰ってくると、玄関に、その日の夕食の差し入れが置かれるようになった。サンマ寿司なら、はす向かいのニューバッカスの佐藤さん。おでんやカレーなら、その隣の池田さんの奥さん。

いつのまにか「しんちゃん」と呼び名がついていた。

「しごと、なにやってんだよ」

「小説、書いてます」

「ハハハ、そんな仕事あっかよ」

小説を書く、そんなこと三崎では「仕事」とは認められない。というか、僕は三崎で教わったのだ。自分のしていることは仕事なんかではないと。書いている小説が、たまたま出版社に買われて、結果、それでお金をもらっている。マラソンランナーが走るのを誰も仕事とはいわない。

三崎のみんなにいわせれば、

「好きで走ってんだろ、だったら、遊びじぇん」

遊んでて、お金をもらってる。それがつまり「ろくでもない自営業」ってことなのだ。

朝五時頃にめざめ机に向かう。朝ごはんはまるいちのいわし塩焼きにあさりの味噌汁。昼までぼーっとして、たまに書いて、正午になったらまるいちに出かけ、夕ごはんのおかずを予約する。

自転車で諸磯《もろいそ》にいく。海パン一丁、シュノーケルをつけ、磯の上から波間に飛びこむ。「落ちている」トコブシかウニを、手を合わせ、ふたつほど「拾い」、うちに持って帰って、キリンビールの王冠をプシュッとあける。

こどもたちがあがってくる。「絵の具出して」といわれ、アクリル絵の具と筆と水入れを貸してやる。畳や柱、そこらじゅうカラフルになって、家が笑っている。鬼ごっこ、かくれんぼう。

夕方五時、「よいこがすんでる　よいまちは」のメロディが役場のスピーカーから流れる。

この歌は、三崎うまれのひとが作ったらしい。こどもたちがドタドタと階段をおり玄関を出ていく。魚をうけとりにまるいちにいこうと玄関へおりたら、小さなピンク色のサンダルが二足、土間にまだ残っている。

トイレをみる。お風呂をたしかめる。再度二階にあがって、押入のふすまを引きあけたら、向かいのるなと、その友だちと、掛け布団と枕のすきまで顔をくっつけ合わせ、スウスウ寝息をたてている。

＃5

祭をやる

坐古《ざこ》さんの話をしないと。

めいとるなは、坐古さんちの次女と三女。長女はゆうちゃん。ゆう、めい、るな。母はゆみちゃん、父は「ちち」よしみつさん。

坐古さん一家は僕の家の真向かいに住んでいた。めいとるなは舗道一本飛びこえてうちへやってきた。そのうち両親もあがってくるようになった。

坐古さんは、僕がはじめて知りあった三崎の大人だ。そして、三崎で大人をやる、とは即ち、「祭をやる」ことだ。

引っ越して初めての夏、祭礼の日。

「いしいさーん、こっちおいでよ。こっちのほうが、おもろいからさあ」

そういって坐古さんが手招きしている。玄関の戸は取り外し、窓もはずし、家のなかがまるみえだ。僕ははいっていきながら、

「なにこれ？　どういうわけ」

「お獅子がくんから」

坐古さんは笑っている。

「ま、見てなって」

十分後、お獅子がきた。オスとメス。左右からぶつかり合いながら。一頭の頭を三人で抱えあげ、そして長々とたなびく尾には、いったい何人がとりついているのか見当がつかない。

祭のお獅子は二頭そろって坐古さんの家に突っこんできた。木遣り歌に合わせ踊りあがり、跳ね、走る。家というよりもはや獅子たちの巣だ。何百年も前からここをねぐらにしてたみたいだ。二頭はここでパパママとなりもうじきにおめでたい子獅子がうまれるのだ。

坐古さんはその立会人として終始うたい、終始がなり、終始うたっている。祭がいま、炸裂している。

三崎海南神社の祭礼は二日間、七月の暑い盛りにおこなわれる。二頭の獅子と神輿《みこし》、そして笛太鼓奏者を乗せた山車が、下町の津々浦々を練り歩く。三崎の下町は七つの地区に分けられていて、毎年そのうちの二地区が、獅子を走らせ踊らせる「本年番」、神輿を担ぐ「神輿番」を担当する。どの地区にも七年に一度ずつ、ふたつの年番がかならずめぐってくる。

こして翌々年の二〇〇三年、僕の住む日の出は神輿番となった。本番の半年前から、夕方に

なると坐古さんが玄関に顔をだし、

「いしいさーん、木遣りの練習いくよー」

と声をかけてくれる。坐古さんの手でぼくはすでに若者組に登録され、はっぴと地下足袋を発注され、日の出の顔役のみなさんに、

「このひと、いしいさん。昼間ずっと、遊んでんひと」

と紹介してもらった。練習のあとはカラオケスナックに飲みにいく。誰もが「小説って書いて、ゼニ、どんくらいもうかんだ」ときいた。みな、ぼくの素直な答えに、決まってぎょっと目玉をむいたりポカンと口をあけたりして、おめえよくそれで食ってんなあ、と感心したようにいった。

七月の祭礼。初日、僕は吐いた。

海に吐き、排水溝に吐き、道端に吐いた。神輿の担ぎ手は時を追うごとにどんどん増えてきた。仕事や家の事情で三崎を離れているひとが、この日、祭をめざして一直線に、日本じゅう、世界じゅう、宇宙じゅうから三崎下町に結集する。人口は倍々ゲームでふくらむ。神様のおかげで百倍、千倍にもふくらんでみえる。

木遣り歌。いちおう、坐古さんから歌詞カードを渡されていた。が、その歌はことばをたどっ

て覚えるもんじゃなかった。祭の頭《かしら》の喉から放たれた響きが、三崎の風景を透明に振動させる。僕のからだもふるえ、気がつけば全身の細胞が、木遣り歌の波動でふくらんだりちぢんだりする。歌が祭を運び、祭が歌を彼方へ飛ばす。僕は吐きながら、生まれて初めて、ほんとうの祭のなかにいた。神様がまわりで笑い、はじけ、のたくっていた。

初日の終わり、北条湾に面した埠頭で、百万二百万三百万の男女が、怒濤のように神輿に飛びつき、ミッドウエイの海で翻弄される小舟みたいに神輿をさし、練り、全身を声にして木遣り歌をうたう。僕はひとの波から弾かれ、電柱の下の排水溝にまた吐いていた。そこに、まるいちのノブさんがやってきて、

「ばっかだなあ。テキトーにやんだよ。でなきゃオメー、死んじまうじぇん」

その「テキトー」が、初めての僕にはわからない。新参の担ぎ手は、たえず全力でやるしかないのだ。

二日目、もう吐くものがなかったからか、吐かなくなった。朝からちゃんと食って水分を補給すると足腰に芯が通る気がした。初日は商店街や海沿いを進むので、派手な応援の声が耳にとどいたけれど、二日目は地味な路地をじりじり、じりじり、這うように練り歩く。

百歳くらいのおじいさんおばあさんが、ベンチや木の椅子を玄関先に持ち出して、じっと神

輿を見ている。みな口が木遣り歌のかたちに動いている。年に一度だけこうして外へ現れるのかもしれない。担ぎ棒を支える手にいっそう力がこもる。

日が暮れ、下町の空気がかわる。夜なのに透明な火花がパチパチそこらで走ってる。獅子番、神輿番の男女が声を合わせ、高く、低く、木遣り歌をささやきながら、海南神社の参道にはいっていく。

両翼に人垣。街灯の数以上に夜が明るい。ふだん見られない数のひとが参道を埋めつくし、木遣り歌が高々と祭の空にはためいている。いよいよ、ほんとうの祭のクライマックス。観光で来たひとはここには誰ひとりいない。三崎のものが見まもり、三崎のものがうたい、三崎のものが担ぎ、三崎のものが奏で、三崎のものが踊る。三崎の神様がすべてを受け入れ、三崎という土地を愛でる。

獅子が吠える。神輿が宙を飛ぶ。夜の裂け目から光が発し、参道じゅうに長々と降りそそぐ。時間は永遠のうちでとまっている。獅子も神輿も、境内にはいろうとしない。鳥居の前で、神様と綱引きして遊んでいる。いったり、きたり。いったり、きたり。獅子は誰もみたことのない巨大魚、神輿は漁船だ。永遠の波に運ばれ、いったり、きたり、いったり、きたり。

突如、闇が落ちる。真っ暗闇のなか、木遣り歌がひびき、小ぶりな石の鳥居だけが黄金色に輝いて浮かびあがる。木遣りが高まる。と、鳥居がふくらみ、その向こうに、三崎のものたちが待ち構える境内がぽっかりとくりぬいて見える。鳥居が、上下左右にどんどん膨らむ。うしろから黒い大波が押し寄せ、光り輝く漁船は波に乗り、いつの間にか階段を駆けあがった、怒声をあげる担ぎ手たちに運ばれて、一気に、海南神社の境内へと突入する。

もう、神様と三崎のひととのあいだに隔たりはない。みな肩を組み、本気の木遣りをうたいあげ、祭の成功を祝う。獅子と神輿が担ぎおろされ、境内の空気が鎮まっても、まだ三崎の祭礼はやまない。獅子と神輿を運び終えた男女がうたいながら参道を通り、それぞれの地区へと帰っていく。出迎える百歳のひと、生まれたての赤ちゃん、みな分け隔てなく喝采し、祝いの声をかけ合う。三崎の祭はこのようにして、波打つ夜の底へと、しずかに沈んでいく。

翌日、筋肉痛に悶えくるしむなかで、「はちはらい」なることばを初めてきいた。鉢はらい？　鉢あらい？　八はらい？　日の出のみんな、小魚みたいにピチピチ酒の海を跳ねまわり、派手に唄い、果てしなく笑った。

気がつけば、日の出の顔役たちと肩をくんで唄っている。頭の山本先生が潮風みたいな声で、

「おめー、関西弁だけどよ、これでもう、三崎の人間だよ。あーあ、しゃんねえべ、あきらめな」

そういうと、お獅子さながら大口をあけて豪快に笑った。横で坐古さんが水割りをあおっ

てる。

坐古さん家の前に住んだから、めいとるながとびこんできた。ふたりが来たから、坐古家と親しくなり、それで初めっから祭の頭数に入れられた。坐古さん家の前に住んでいなかったら、僕は、祭をやっていただろうか。やっていたかもしれないが、こんな激しく、一気呵成《いっきかせい》に、日の出の人間にはなっていなかったろう。

三崎には、ゲーセンがない。ゴルフの打ちっ放しも、風俗も、ボウリング場もない。なんもねえから、唯一の娯楽が祭なんだよ、と坐古さんは、ぶっきらぼうに、でもちょっと誇らしげにいっていた。年に二日だけのその日のため、三崎のひとは残りの日々を精一杯生きる。

神様が見ているから。

僕が三崎を母港と感じるのは、なにもわかっていない僕を、坐古さんたちが祭の船に引きあげてくれたからだ。坐古さん、日の出のみんな、ほんとうにありがとう。いまは京都に住んで、うまれた子どももこっちのことばだけれども、祭の夜、山本先生がいってくれたとおり、まだ僕は、どうしようもなく三崎の人間だ。そのことが、自分にはもったいなく、そしてやっぱりこころから誇らしい。

#6 イタリアン

まるいちに、食堂が誕生した日のはなし。

それは、二〇〇六年のゴールデンウィークのことだった。

若主人の英くんの友人フルカドくんは、東京のイタリア料理店でコックをしている。ただの料理屋じゃない。東京でもチョー人気のすごい店・トラットリア シチリアーナ・ドンチッチョだ。そのドンチッチョが工事のため、しばらく営業を休むことになった。そこで英くんがフルカドくんと相談し、

「ゴールデンウィークのあいだ、まるいちの店先で、イタリアンの屋台やろうぜ」

ということになった。

その年の四月五月は理想的な快晴がつづいた。そして、これはいつも誰にでもいっていることだけれど、晴れの日の三崎は世界一の町だ。自家用車、市バス、自転車に乗って、ひとびとは三浦半島の南端をめざす。当時はまだ「三崎をめざす」ということは、あまりなかったように思う。晴れの休日、だから、いちばん南にいってみよう、と。するとそこに、三崎という町

があって、よく知らないけどマグロが有名らしいから食べて帰ろう、みたいな流れだった。あるいは、ご主人のキャラクターがテレビで有名だった「くろば亭」にいってみよう、とか。休日だからといって大挙してひとが来る町では、三崎は、まだ、ぜんぜんなかったのだ。

まるいちは当時、お店のほかに、一軒家をはさんで、冷凍庫兼、ノブさんが干物を作るスペースとして、コンクリートの小さな駐車場みたいなコーナーがあった。二〇〇六年春、連休の期間限定で、フルカドくんたちはそこを厨房として占拠した。

スズキ、カサゴ、アジ、メバル。

メトイカ、サザエ、伊勢エビにトコブシ。

まるいちの自慢の魚介をふんだんに使い、フルカドくんたちは次々と、ここでしか食べられないプレートを作っては、通りがかりの旅行客に出した。初日に味わったひとが驚愕し、また別の日に、友だちを誘ってやってきた。ＳＮＳなんか、その頃はまだなかったにもかかわらず、日に日に、イタリアンまるいちの前に人だかりができていった。ドンチッチョからは三人のおにいさんが泊まりがけで来ていた、料理担当のフルカドくん、ナカムラさん、そして、ホール係のアベちゃん。ぼくとノブさんは魚屋の横の路地から屋台のにぎわいを眺めていた。

「すげえなあ」

とノブさん。

「プロはちげーよなー」

アベちゃんの動きは、それまで三崎の誰もが見たこともないようなものだった。アメリカのアニメみたいに、ここにいたかと思えばあそこ、そこかと思えばあちらへと、バビュンと効果音つきで瞬間移動。椅子で食べているお客さんがなにかいうと、

「はい、ただいまー」

というその声より先に彼女の前にすらっと立っている。どれだけオーダーがたてこもうと、ひとがあふれようと、一瞬たりとも笑みを絶やさない。子どもにはしゃがんで話しかけ、老いたひとの肘にそっと手を添える。男でも惚れそうなさわやかな男前。ノブさんの下ネタに手を叩いて笑う。

三崎がまるで、イタリアの小さな港町みたいだった。のんちゃん＝野地くんみたいな顔つきはたしかにナポリあたりにいそうだし、ノブさん、美智世さんの立ち姿もなんとも南部イタリアっぽい。じつはドンチッチョの三人は、シチリアで料理の修業をしてきた。そして、いつかシチリアの屋台みたいな店をやりたいな、と話しあっていたのだった。

「こういうの、夢だったんすよ」

汗まみれのフルカドくんはフライパンを振りながら笑った。フルカドくんフル稼働。白ワインに生ビール。まるいちの魚たちも焼かれ揚げられオリーブオイルに包まれて幸せそうだ。路地に目を移せば、まるいちはじまって以来の行列が長々とできている。その行列がまるいちの未来へつづいているとは、あそこに集まっていた誰が、はたして想像していただろうか。

五月五日の夜、イタリアンまるいちは大盛況のうちに幕をとじた。連休中もっとも多く生ビールの樽を出荷したのは、まぐろ専門店でも有名寿司店でもなく、それどころか食堂が本業でさえない、まるいちの屋台だった。洗い物がすんだあと、みなで輪になって白ワインで乾杯した。

グラス片手に美智世さんが涙ぐみ、

「わたしもう、死んでもいい」

といった。

「わたし、こういうことやりたかった！　魚屋じゃないの。レストランやりたかったの」

ノブさんが立っている。この日十何本目かのバドワイザーの缶をにぎって。そして、しわがれ声で堂々といった。

「なら、やりゃあいいじゃねえかよ」

こうして翌日から、まるいち食堂がはじまったのだ。

#7 ジーエス

スナック街のはなし。

スナック街に住んでてよかった、と思うのは、夜中にどれだけ大音響でレコードをかけても、苦情をいわれないこと。ちょうど湯浅学さんの影響で、モノラルとステレオカートリッジの聞き分けに凝っていた頃で、深夜一時二時になっても、ザ・フー、ローリング・ストーンズ、ジミヘンなどを、日本家屋が揺れるくらいの爆音でバリバリとかける。

翌朝、家の外を掃き掃除してたら、ゴミ出しの袋をもった真裏のスナックのママさんが歩いてきて、

「ゆうべ、いいジーエスかけてたね。あたしも好きだよ、ジーエス」

といってから、カンラカンラ空き缶を振るみたいに笑った。

はす向かいの店ニューバッカスの佐藤さんは、長く三崎バーテンダー協会の会長をつとめた名人だ。坊主頭、肉体労働できたえた筋骨隆々のからだ。「お、しんちゃん、帰ってたか。あとでサンマ寿司もってくかんな」と、息子みたいに扱ってくれるし、僕も三崎のおとうさんみ

たいに思っている。

僕の本を多く手がけてくれた職人肌の装幀デザイナー、池田進吾さんがうちに原画をもってきてくれたとき、ニューバッカスの前にじいっと立ち止まり、看板のロゴをえんえん、えんえん、蟻に虫眼鏡の日光を当てるみたいな熱視線でみている。

「いやあ、かなわない」

池田さんは凝視したまま漏らした。

「こんな字、いまのデザイナー、ぜったい無理」

ときどきフラッと店に寄って、佐藤さんとふたりえんえん飲む。世界最高のバー、と呼んでもいい店内の風情は、僕の『いしいしんじのごはん日記2　三崎日和』に見開きで載っている。裏のバー・モチクの佐々木さんとは、もっと濃厚なつきあいだ。そもそも三崎で初めてしゃべった相手が佐々木さんだった。

越した翌年だったか、大型の台風が関東地方に接近したことがあった。軽業師みたいに小柄。だいたいいつもチェックのシャツにえんじ色のチョッキの佐々木さんは、空を見あげたまま腕を組んで、ふん、と鼻を鳴らし、

「三崎に台風はこねえだよ」

と断言した。

「きたときねえだ。台風のほうで、よけてくんだ」

その夕方、台風は三崎を直撃し、うちはアメリカのマンガみたいに上下左右、斜めに揺れた。下町全体が停電し、台風通過後の夜の港は、まるで町の寝息がきこえてきそうなくらいしずかだった。

翌朝外に出ると、佐々木さんがしゃがみこみ、散乱するゴミを拾っている。手伝おうと路地にはいり、何気なく見あげて、

「あっ」

と声が出た。竹の絵を組みあわせて店名にした、特徴のあるモチクの看板が、跡形もなく、台風に吹き飛ばされてしまっていた。

また別の日。二階で朝から書きものをしていると、ぷうんとタバコの匂いがあがってきて、ぎし、ぎし、と床板を鳴らし、佐々木さんが階段をのぼってくる。こういうときの佐々木さんはいつもパジャマにどてらだ。

「ヨーウ、いんのかよ」

「ああ、もう。佐々木さん、もう、何度もいうてるけど」

と僕。

「靴は玄関で脱いできてくださいよ」

ああ、わりいな。といって革靴を脱ぎ、廊下に揃えて置くと、僕の椅子の横にあぐらをかく。

「パチンコいこうとおもったら、おかあちゃんが金出さねえんだよ。な、ちょっと貸さねえか」

「おかあさんが、僕に借りておいで、て、いわはったんですか」

「うんにゃ」

「じゃ、貸さへん」

ま、そだろうな、といって佐々木さんはタバコをふかし、十分ほど息子さんの自慢をすると、

「じゃ、ま、がんばんなさい」

といって廊下で革靴を履き、ぎし、ぎし、と階段をおりていく。

奥さんの付き添いでも、自分の検診でも、病院に行くときは必ず、シャツの襟元にアスコットタイを巻いていた。実家の天ぷら屋から送ってくるという天ぷら油を、一升瓶で何本もらったか知れない。いまから振りかえれば、一度くらいパチンコ代、出してあげたらよかったかも、と思わなくもない。

忘れがたい事件もあった。

二〇〇二年の六月一日、ユーノス・ロードスターで訪ねてきたスペイン人の写真家イニーゴ・アシス、その友人クニと合流し、諸磯の家に住んでる「まりあ」さんを訪ねた。お祭の日で、園子さんもいっしょだった。

シュノーケルを借り、小径をおりていった磯にどぼん、どぼん、と飛び込む。僕はアオウミウシを見た。イニーゴはマットに寝転んで浮いている。園子さんは「ヒコイワシの群れを見ただよ」と、覚えたての三崎訛りでいった。夕方うちに戻るとめいやるなたちがお祭の浴衣を見せに来た。イニーゴは地面に寝転がったり跳ね回ったりしながら写真を撮りまくった。夜は日韓ワールドカップの試合をテレビでつけながら、まりあさん、旦那さんのまさきさん、クニ、イニーゴと、園子さんの手料理で酒を飲み、真夜中まで話した。

翌朝も早くから海へいった。キツネ浜。じつは怖い浜で、砂浜の上を、こんもり盛り上がった塚があちこちへ移動し、それにひとが触れると「かならず病気にかかり死ぬ」といわれている。夜には「きゅーん、きゅーん」と甲高い鳴き声が海のほうからきこえる。

この日のキツネ浜の海はおだやかに凪いでいて、僕はまたウミウシを見たし、イニーゴは気楽そうに浮いていた。トコブシもひろった。今夜はバーベキューをしよう、しんじはお好み焼き担当、ということまで決まり、クルマを日の出の岸壁に停め、家まで歩いて帰ると、家の前に人だかりがしている。

こどもたちが寄ってきて、僕を指さし、

「ハンニン」

「ハンニン」

といった。うちの家のまわりに黄色いロープが張られ、制服姿の警官が路地をいったりきたりしている。

ゆうべ、近所のスナックのママさんがナイフで刺され亡くなった。僕たちがワールドカップをつけながら話しこんでいたその時。四人ともいっしょにいた、ということで、イニーゴ、クニ、僕と園子さんと、順々にうけた事情聴取はごく手短だった。

殺されたのは「いいジーエスだね」といってくれたママさんだった。ナイフは側溝の泥水のなかで見つかり、ハンニンは翌日に逮捕された。久しぶりに港に戻ってきた三崎の古い船員だった。近所のスナックのみな、ひとりびとり集まってきて、顔を寄せ合い、

「物騒になっただよ、むかしはコロスまではしなかったよ」

などとささやき合った。

#8 まるいち魚店

まるいちのことは語り尽くすことができない。

三崎にいる日は必ず三度顔を出す。ノブさんは朝からバドワイザーをすすりすすり、オハヨウゴザイマス、と神妙に挨拶する。美智世さんが店のなかを走りまわり、英くん、じゅんくんが包丁を研ぎ、店先では魚たちが陽を受けて輝きながら笑っている。ここがあるから僕は三崎に越したのだ。

この時間、ノブさんの仕事はもう終わっている。笑っている魚たちはすべてノブさんが市場で買いつけてくる。「三崎でいちばんの目」というひとがいる。宇宙一の魚屋、というのは、鮮度がよく、味がおいしいことだけで、そう呼ばれるわけじゃない。まるいちの店先には、マンボウがいる。サメがいる。名前のよくわからない、形のかわった深海魚がいる。ぜんぶノブさんが、タダみたいな値段で引き取ってきたものだ。

市場の隅にそんな、ぜったい売れもしないクズ魚のコーナーがある。ノブさんはクズと呼ばれたその魚たちを店に連れて帰る。三崎といえばマグロ。旅行者はみんなマグロを目指してくるし、お店でも、マグロ以外は扱わない、というスタイルがだんだんと増えていった。

「うちはマグロ屋じゃねえ。魚屋よ」

とノブさんはいう。

「魚、売ってやんなきゃよ、魚屋じゃねーじぇん」

ノブさんの店先は一瞬も同じ色、かたちをしていない。水をかけ、氷を並べ、魚が一尾売れたら、細部をまた並べ替え、全体の見え方を調整する。印象派の画家の描く、進行中のキャンバスに似ているかもしれない。あるいは、書かれていく最中の、ロマン派の作曲家の楽譜にも。音符であり、絵の具である魚たちは、ノブさんの目に選ばれ、ほんとうに嬉しそうに笑っている。鮮やかな光を発し、のびやかに歌声を放っている。晴れの日のまるいちの店先ほどうつくしい風景は、この世界に生きていて、滅多に見られるものじゃない。

僕の食べる魚を選んでくれるのは、奥さんの美智世さん。ノブさんの買ってきた魚は美智世さんにとって、息子、娘たちだ。ひとりずつ、いいもらい手さんのところへ送り出したい、いつもそう祈っている。

「おはよーございまーす」

と美智世さんは、朝の鐘みたいな声をかけてくれる。

「さーて、しんじさん、今日は、なんにしようか」

二〇〇三年五月二十四日の晩ごはんは、大アジ刺身、小アジ南蛮漬け、マグロのショウガ醤油、タマネギのサラダ、納豆。

五月二十五日は、甘鯛の刺身、塩焼き、ひそかにもらったサンマ干物、小アジ南蛮漬け、揚げ茄子、三つ葉おしたし。

五月二十六日は、甘鯛の若狭焼き、しめたてのシメサバ、あさりの牡蠣ソース酒蒸し、ほうれんそうのおしたし。

五月二十七日、よくしまったシメサバ、ほうれんそうソテー、とこぶし煮付け、納豆。

五月二十八日、めといか刺身、あぶりシメサバ、しじみ味噌汁、ポテトサラダ、キャベツ千切り。

五月二十九日、麻婆茄子、ほうれんそうおしたし、作っておいた甘鯛の西京漬け。

五月三十日、赤むつ刺身（いわゆるのどぐろ）、めといか刺身、小アジの唐揚げ、茄子の浅漬け、ほうれんそうおしたし。

こんな風にえんえんとつづく、すべての魚を、美智世さんの手がたしかめ、すくい、目方を量りながらいとおしむ。

「しんじさん、よんひゃくえーん」

「すみません、はっぴゃくえん、いただきまーす」

と、きっと途方もなく安くしてくれた値段を、あの鐘みたいな声が告げる。美智世さんは魚たちを送り出すとき、こころのなかでさまざまな気持ちを波打たせている。魚たちへの気持ち、お客さんへの気持ち、自分へ、ノブさんへの気持ち。それらすべて、バイカル湖以上の透明度をもって波打つ。だから美智世さんの声は、いつもすきとおり、三崎の風景へ、お客のこころの底へ、ささやかに揺れながらしみとおっていくのだ。

美智世さんのお父さんは、三崎でも名の知られたマグロ漁船の通信士。ノブさんのお父さんは、まるいち魚店の主人。そのあたりのことは、三崎で書いた小説『港、モンテビデオ』に詳しい。

ノブさんが美智世さんにギターを教えた。それが出会い。ふたりのあいだには初めから音楽が、光がこぼれていた。出会いから何十年経ってから見ても、それはわかる。いまもこぼれているからだ。まるいち魚店はそんな場所だ。

「おくさん、だーめだって、そんなちっちゃっけー干物もってかえってもよ。ダンナのちっちゃいもちもんと比べるつもりかよ。オレのコルトくらいのもん、つれてかえんなきゃだめだって。タマ、はいってねえけど」

観光のおばさんがコロコロ笑ってる。魚たちも笑う。ノブさんは頭に大竹伸朗デザインの「素股」手ぬぐいを巻いている。美智世さんも笑いながら、もうノブさん、やめなよ、とお尻を叩く。

三崎の人間は本なんて読まねえから、いしいさんもたいへんだよな。オレと一緒だよ、三崎の人間は魚食わねえから。イシイのハンバーグとかそんなんばっかだ。なあ、おめえ同じイシイだろ、なんとかしろよ。

ふたりで何度飲みにいったろう。ギター弾きだったノブさんはカラオケもうまかった。うたう、というより、語りかけるのだ。

カウンターでふたり、映画や小説の話ばかりした。本なんて読まねえから、なんていっておいて、ノブさんみたいな読書家はほかにいなかった。トルストイの「戦争と平和」のあいだに、パチンコ必勝ガイドが突っこんである。『大菩薩峠』のこまかな場面を語らせたら天下一品だった。

ノブさんは今日も店先に立つ。たとえひとの目に見えなくなっていても、必ず立っている。美智世さんにはそれがわかるし、息子の英くんにもわかる。魚たちにもむろん伝わっている。魚たちの王様が、いつもの缶ビールをもってそこに立っているのが。

「あー、けったりい」

と、透明になったノブさんは、いっそう透明なタバコの煙を吐きながら、

「あーあ、降る雪や、真アジは遠く、なりにけり、か」

と、誰よりも遠くを見ている目で、中村草田男の句を口から吹く。

#9 海の小説

三崎の家の二階では、小説を書いてた。長いもの、短いもの、いろいろ書いた。

三崎に移る前、園子さんとふたり、渋谷の五島プラネタリウムに通った。解説員の村松修さんの声につつまれる時間はかけがえがなかった。五島プラネタリウムがこの世からなくなるとき、こころのどこかで、あたらしいプラネタリウムを僕がつくろう、という作用が、いまから考えれば働いたかもしれない。

工場の吐きだす煙に夜空をかき消された山間の町。工員たちの唯一の娯楽が「泣き男」が解説を担当するプラネタリウムだ。

上演中、施設の闇に泣き声がひびき、「泣き男」がしゃがんで調べたところ、ふたごの赤ん坊が見つかる場面から、「プラネタリウムのふたご」ははじまる。

引っ越して一年目、まるいちの魚を口に運びながら、毎日、この小説を書いていた。三崎に工場はない。プラネタリウムもない。けれども、赤ん坊の言動に一喜一憂する村人たちの様子は、三崎のひとたちに似ている気がする。が、そんなことをいえば、僕の書く小説の町民、村人たちは、どんな作品であろうが三崎下町のひとに似ている。

「ふたご」の小説がラスト近くにさしかかった、十二月のこと。

手品師一座に飼われていた熊の「パイプ」が、重度のアルコール依存症と判明し、ふるさとの森に帰されることになる。芸達者なパイプが、踊りながら後ずさって森にはいっていく、という場面まで書いて、不意に手がとまった。アル中の黒熊って、いったいどんな風に踊るだろう。

考え込んでいると、十畳間のうしろで締め切ったふすまを、こしこし、さりさり、向こうからこする音がする。

子どもたちが勝手にあがってきていたずらするのはしょっちゅうのことだったから、

「なあ、しごとしてるときは、あがってきたらあかんて、前からいうてるやろ」

そういってふすまを開けたら、そこに熊がいた。

真っ黒い熊だ。後ろ足で立ち、前足をくるくる回しながら、その場で踊っている。頭までの高さが僕ののど元くらい。僕は絶句し、一歩、また一歩とあとずさった。その歩みに従い、熊も踊りながら、一歩、また一歩とこちらに迫ってくる。

さっきまで書いていた机のヘリに尻をぶつけ、僕はそのままへなへなと畳の上に腰をついた。黒熊は僕の顔をのぞきこむと、自分の首もとに両手をあて、かぽ、と大きな頭をとった。首か

ら下は熊のままの園子さんが、

「どうしたんですか」

と、真剣な顔つきでいった。

あとできいたところだけれど、その日園子さんは長年勤めた会社をやめた。やめるにあたって、上司から、「なんでも好きなもん持っていっていいよ」といわれ、小道具の倉庫をあさり、黒熊の着ぐるみを選んで、自家用車のトランクに収めた。園子さんはそのまま横横道路を運転し、三崎縦貫にはいり、三崎口から一本の下り道を通って、三崎下町、日の出の僕の家の前に着いた。そっとドアをあけ、一階の四畳半で着ぐるみを身につけ、音をたてないようそっと西側の「船長の階段」をのぼる。そうして、しめきったふすまの前に立ち、こしこし、さりさり、とこすりはじめた瞬間、ふすまの向こうで僕は、頬杖をつき、黒熊はどんな風に踊るだろう、と考えこんでいた。

もちろん園子さんは「ふたご」の小説のストーリーなど知らない。僕の小説がふたごに関わることさえ知らないし、熊が出てくることももちろん知らない。そもそも、熊が踊りながら去っていくなんて、僕自身、その日まで思いついていなかったのだ。

『プラネタリウムのふたご』の次は、海の話になるだろうな、と、なんとはなしに考えていた。

それだからたぶん三崎に越したんだろうし、海の話はいつか書くつもりでいた。そのいつかとは、まちがいない、きっといまだろう。

二〇〇二年の末、「ふたご」の小説を書き終えたその日、市役所の裏手の図書館へ行き、海図、マグロ船の漁労長の日記、海難事故の記録など借りてきて、机の上に、それとはなしに並べた。さあ、どんな話が出てくるだろうと、わくわくしながらその夜は、カマスの刺身を食べ、午後九時頃に床についた。

翌朝、目が覚めてぽかんとした。その翌朝も、また次の朝も。話がまったく出てこない。海の話じゃないんだろうか。いや、きっといまだ、と感じたときのこころの動きには、たしかに手応えがあった。僕はそれを信じ、しばらくのあいだ待たなければならないのだ。

毎朝、机にむかって座るだけは座る。依頼されたエッセイや短編、日記などは早々に綴る。それ以外の時間、僕は、A4のコピー用紙、ひらいたノート、真っ白な画用紙を見つめながら、物語がはじまるのを待ちつづけた。じつのところ、焦りはなかった。僕のなかでいま、すくすくと物語が育っている。そのことだけを信じ、鉛筆を片手に、毎朝、傍目からみればほんとうにただぼおっとしている。

七月の早朝、だから、まるまる七ヶ月座り通したとある朝、船長の部屋でとろとろと目が覚めた。半睡の意識の上で、乱舞する蚊が、僕の頬をくすぐるのを感じ、ああもう、と薄闇の表面を手ではたいた、その瞬間。

あまたの橋ががかる泥川の町。川には「うなぎ女」というものがいて、ウー、アー、と叫びながら泥にしゃがみこんでうなぎを取っている。女はひとりのときもあれば十数人、五十人以上のときもある。ある日うなぎ女が泥のなかから生き物をすくう。うなぎとはかけはなれた、ごつごつした、無様なかたちをしている。うなぎ女はウアーとうめき、その生き物を泥に投げ捨てようとする。と、よくよく見れば生き物のまんなか辺りから一本の紐がのびている。ウアー、ウアー、と目で追っていくと、その紐の末端は、自分の股間へとつながっている。うなぎ女は大声でウアウアー、と叫ぶ。ほかのうなぎ女たちが寄ってくる。ひとりが、ふだんうなぎの首ったまを切り落とすときに使うハサミで、紐の両端を切る。ひとりが真水をじゃぼじゃぼ生き物の上からかける。真っ白い肌の赤ん坊が、喉の奥から泥のかたまりをぶほっと吐きだす。橋の上で白い鳩たちが、ポー、ポー、と啼いている。

と、これだけの情景がありありと頭のなかにあふれ、僕は布団からはいだし、ちゃぶ台に前のめりになって、A4のコピー用紙何枚かに、頭からこぼれだす情景を、ことばでたぐりながら一気に書いていった。

そのうち、朝日がのぼった。

僕の前には、長い長い物語の出だしがあった。七ヶ月かけて、ようやっと僕のなかから浮上してきた、物語の表面。これは『ポーの話』だ。

海の話、と思っていたら、泥川の話になってしまった。新潮社の担当者・須貝さんに電話したら、「はじまったんですね、おめでとうございます。でもいしいさん、泥川だったら、いつか海までたどりつくんじゃないですか」といわれ、はっとし、ほっとした。

そうそう、この話を書いている途中、隣の家屋の取り壊し工事がはじまった。ニューバッカスの向かい、西村さんの隣の、一階にコインランドリーがあったアパート。朝からひどい騒音で、とても物語に耳をすませる環境じゃない。三崎にセカンドハウスを持つ文芸誌『新潮』の編集長・矢野さんに、隣で工事がはじまって、とこぼすと、「うちの保養所が三戸海岸にありますけど、そこで書きませんか」といってくれた。

三崎口から西へ、畑のあいだを縫っておりていく。うっそうとした森林を抜け、海の輝きにはっと目をみはりながら南に目をむけると、昭和時代の瀟洒な別荘風建築が建っている。新潮社の保養所ステラマリス。僕は自転車で毎日かよい、ここの食堂で『ポーの話』を書いた。

泥川のポーは中流域へ、下流へとくだり、くだり、その果てに、老人とこどもばかりが元気な、昔、漁業でにぎわっていた、人情深い港町へながれつく。磯の洞穴にはウミウシ娘たちがいる。見あげる丘には風力発電の風車がまわっている。三崎で物語を書きながら僕は、物語の三崎にたどりついたのだ。

物語の最後、港町、大海原、船にいながらポーは、人間にできうる限りの孤独をきわめていく。ひたすら水にもぐり、浮上し、水にもぐり、浮上し、をくりかえす。

でもだいじょうぶだ、と僕は感じていた。僕が進めているこの物語を、僕以外、この世の誰も知らない。でもこれは、三崎の話だ。三崎に住み、僕と縁のできたおおぜいのひとの話だ。みなそれぞれに孤独な、だからこそ優しい、ほんものの顔の老人、おとな、こどもたち。

ノブさん、美智世さん、佐藤さん、佐々木さん、ポパイのみんな、牡丹のみんな、オーシャンの勝又さん、のんちゃん、日の出のみんな、かっちゃん、三崎で僕が会ったことのあるすべての人間に見守られながら、ポーはわが身を捨て、ひたすら水にもぐる。そして、みんながそこにいてくれるから、陽の当たる水面まで、いつかまた、きっと浮きあがってこられる。

#10 のんちゃん

のんちゃんとは長い。引っ越したその週末にたしか、店先でいきなりお尻触られた。呼び込みの声は、なみいるまるいちの面々のなかでも、群を抜いて強力だ。喉の奥に、謎の深海魚みたいな発電装置をそなえ、声に妙な張りとふくらみを与えている、そんな響き。

「おーう、かってってよ、かってってよ。いいアジはいってんべ！」

「メジ、どうだい、メジ、おくさん、きょうのメジかっていかなくっちゃ、しゃんねえべーじぇんよ！」

と、のんちゃんの呼び込みはどうしてもひらがなで書いてしまう。

幼い、拙い、ってわけじゃない（本人は「バカ」だけど）。ひらがなの本来持っている、からだの底から湧きでる原初の衝動、脈動みたいなものが、のんちゃんの声、からだ、顔から、ダダ漏れのわき水みたいにあふれだしてる。のじ、あのバカ、と三崎のみんな、鼻くそほじるように呟きながら、のんちゃんの話をするときは誰もがいつも結局最後には笑っている（苦笑いかもしれないけれど）。

ノブさんと、スナックＪＯＹで出会った時、のんちゃんは自称十五。ノブさんは当時三十過ぎ。市場の隅で、捨てられそうなクズ魚を拾ってくる感じだったかもしれない。

三人で飲みにいき、カウンターで話すときはちょうどこんな感じだ。

のんちゃん　へ、売ってマスって。ホントゥですよぅ。サカナがね……少ぅなかったんだッテ。俺にいわせんとぅ、オン、ダン、カで……。

ノブさん　テメもっと売ってこいよッ！　バカ野郎ッ！

ノブさん　テメそれ漢字で書けんのか。

いしい　ホラ、ここ（ノートだし）書いてみな。

のんちゃん　ウ、ウーン、とぅ……オンはぁ……こうチョンチョンチョンって、デェ……四角があってェ。でボーがあんだよネ、二本か、三本……。

いしい　オー、書けた！

ノブさん　スゲエじゃんよ。「ダン」はよ？

のんちゃん　……エト、無理……あとォー、海のなかのバランスゥ？……ひっじょォーーーにいままでと……ちょっとちがってるン……。

ノブさん　どっちなんだよ。

のんちゃん　両方。だからァ、とれんのが変わってきてるン。ヒラメだったらヒラメェ？　チダイとかァ、季節がずれちッて……。ぜーって水温のせいだモン。あとカレイ。あ、あとネー、子持ちヤリイカが今年ゼェンゼェンあがってナカッタ。

ノブさん　そりゃ温暖化じゃなくって少子化ってンだよ。

（「いしいしんじのごはん日記2三崎日和」巻末特別鼎談より）

三人で行くのは夏でもおでんをやってる屋台みたいな飲み屋だった。角のボンジュールにも行ったことがある。そこの若い女の子のことを、のんちゃんが気になっていて。

でもまあ、のんちゃんといえばなんたってスナック絹だ。「絹」なんて洒落た名のスナックがあるなんて、三崎ならではだ。何度、行方の知れなくなったのんちゃんを絹まで探しにいったことか（絹はうちから歩いて三十秒ほどのとこにあります）。

のんちゃんは魚としゃべれる。イシダイはいつも「俺に任せろよ」っていってる。ホウボウは「クエッ、クエッ、クエッ」っていってる。で、メジナは「グレー、グレー」。冗談でもホラでもなく、僕は、のんちゃんは魚の声をからだで受けとめているんだと思う。それが魚にもわかっている。だから、のんちゃんのいるまるいちの店先といない店先では、魚の元気度がちょっとちがう。

たしか二〇〇七年、食堂がオープンして一年経ったゴールデンウィーク。ど忙しい午後に美智世さんは、小銭をのんちゃんに渡してコンビニまでのお使いを頼んだ。夕方になってものんちゃんは帰らなかった。次の日も、その翌日も、ゴールデンウィークが明けてものんちゃんはまるいちに顔をみせなかった。ブリックパック日本酒のストローをくわえたまま、近くを歩きまわってるのを見た、と常連さんが教えてくれた。のんちゃんはまるいちを出入り禁止になった。

ある日うちの黒電話がなった。受話器を取る前からあの、こびと役の田中邦衛を思わせる面立ちが浮かんだ。

よォー、いしいサン、とのんちゃんの声はわりと元気そうだった。出禁のことをきいてみると、

「俺にいわせんとォ、俺のホゥから、じゅんとかスグルとかァ、「デキンだカラ」

とあいかわらず根拠なく自信満々。

いま、硫黄島にいる、とのことだった。毎日、朝から晩まで地面にしゃがみこんで土掘ってる、と。

「せーかくには、ホネ、ほってんだケード」と、のんちゃんは張りのある声でいった。魚と会

話ができるのんちゃん。南海の激闘でこの世から旅立った、目に見えない御霊とも通じあっているにちがいない。御霊のほうでも、のんちゃんみたいなテンションのほうが、遺骨を掘られていて楽かもしれない。そう思い、南の海に向かっててのひらを合わせた。

それから三年ほど経って、のんちゃんがたまにまるいちに出てる、との話を、京都で矢野さんからきいた。翌朝、美智世さんに電話すると、

「また、出てっちゃったのよー」

と笑っていた。まさに寅さん状態。というか「魚さん」か。しばらく経って、どこで番号を調べたのか、京都のうちに電話がかかってきた。

のんちゃんの声から張りが失われていた。

「いま、どこにいてんの」

「ゲンパツ。フクシマ。ジョセン」

と、のんちゃんは落ち葉のような声でつぶやいた。

「なんかサー、いしいサンサー、ここにいンとォ、なんだかシンドイんだよォ。イオー島のほうが、まだマシだァ」

そういってのんちゃんは電話を切った。ひたひたと押してくる、目にみえない放射線とは、

話ができるどころか、のんちゃんという存在は真反対だ。呆れるばかりの人間臭。生命のなかの生命。あののんちゃんが防護服に閉じ込められ、網にかかったメジナみたいに必死に喘いでいた。

別のとき、ノブさんもいっていた。

「俺ってさ、ぜったい太れねえんだよな。ガキんちょのころ、第五福竜丸の原爆マグロ、三崎の浜に埋めてあんのを、イタズラで掘りおこしたことあんから」

いまののんちゃんは三崎に戻り、まるいちの店先で、ふたたび魚たちと会話している。下町のみんな「このバカ、ゆんべ公衆便所で寝たべ」「テメ、子どもにさわんなって、バカが伝染《うつ》んからよう」などと雑言を浴びせながら、「魚さん」の帰還をどこかで喜び、新たな「のんちゃん伝説」の誕生を待ちのぞんでいる。

また、まるいちの店の二階で寝泊まりしているのだろうか。広さをきくと、

「エート、一畳半」

なんだそりゃ。からだ「く」の字にして寝てんのか、のじくん。

＃11

茹で肉

日曜の夕方は、高野湯にいく。

銭湯、といわれて誰もが頭に思い描くとおりの店構え。ローマ人もカラカラうなずく、理想のお風呂屋さんだ。

のれんをくぐった瞬間に、早くもホヤホヤと、湯船につかっている感覚につつまれる。日本中どこであろうが、明治期からつづく銭湯は、それだけでもう、建物のかたちをした名湯のかたまりだ。

三崎は昭和中期、世界一の港町だった。遠洋漁業の船をあがった若い男たちがまず目指す場所といえば、散髪屋とお風呂屋さん。何ヶ月もたまりにたまった汗とあかを洗い流す。さっぱり身ぎれいにしたあと、航海中こころに貼りついた彼女のもとに、満面の笑みで「しけこむ」。

番台に座るおばさんにあいさつする。きのうは涼しかったね、雨だったね、佐藤さん大丈夫かね、といった近所話。脱衣所あたりをチラッと見れば、夕方早い時間なら、こんなささやかなスペースに、客がごった返している。

遠来の釣り客。少年野球のチーム全員。船員さん。外国人。旅行のひとたち。

平日にはいつも、見知った顔のおっちゃんらしかいない。それはそれで味わいがあって大好きだが、大勢でにぎわうお風呂屋さんって陽気そのもので、なんというか、この世をつきぬけた最高の極楽感が、湯気と混じりあってたなびき、いつのまにか、僕たちのからだを取りまいている。

一枚いちまい服を脱ぐ。服ってカメレオンや蛾みたいなカモフラージュの皮なんだなとあらためて気づく。服をとっぱらったところに本人が出てくる。からだ、と呼ぶより、ただの肉。肉がまわりに林立し、ガラスの引き戸を、むこうからこちらへ、こちらからむこうへと行き来している。肉、肉、肉。肉の往来。

脱衣所から別世界へ。正面に黒四ダム。カランの上には銀閣寺、宮島、桑名の浜。湯船では、赤く、白く、浅黒く、時空間をこえて肉がお湯に浸かっている。

「よう、しんちゃん、こっち来るだ」

と、てのひらで差しまねき、湯船で場所をあけてくれる、ニューバッカスの佐藤さんとは、高野湯で会わない日のほうがめずらしい。よほどここが好きなんだ。そのことは、ここに集うひとならみんなおんなじだ。

釣った魚の話。今日の試合でかっとばしたライナー。スペイン語。韓国語。子どもたちとうたっているおじいちゃんの歌声。敷居のむこうから、女性のかたちをした肉の声が響いてくる。高い天井に反射して、まるで、雲の上の天女たちが笑い、さざめき合ってるみたいだ。

肉と肉がならび、いつのまにか溶け、自分が誰でもよくなっている。時間も溶け、何年何月何日、何時何分なんてどうでもいい。僕たちは、いま、ここにいるだけだ。笑い、洗い、浸かり、吐息をついては湯気を吸う。その豊かな、いま、ここのことを、三崎のことばで「たかのゆ」という。

手ぬぐいでからだを拭き、新しくはいってくる肉と入れ替わりに脱衣所へ。百年まわっている扇風機で風を浴びながら、番台のおばさんと、少し長くことばをかわす。娘さんがアメリカにいった。現地で結婚し、孫を連れて帰ってきた。かわいくてしょうがないよ、ほら、これが写真だけど。

といった瞬間、わー、と声をあげ、ふたりの女の子がまっしぐらに、雲の上から脱衣所に落ちてくる。お父さんがアメリカ人、お母さんは三崎人。おばあちゃんとともに番台にあがる。

「おばーちゃん、好き!」

「おとーさんより、大好き!」

アイ、ラブ、ユー、とおばあちゃんがふたりを後ろから抱きしめる。アイ、ラブ、湯。年齢も国境もこえ、三つのからだが輪郭をほどいて溶け合っている。

冷蔵庫からビールを取り、腰に手を当てコーヒー牛乳みたいに飲む。

二〇〇六年の秋、高野湯がこの世の役目を終えて閉じられたとき、僕は少し遠い場所にいて、その終わりに立ち会えなかった。三崎の家に戻ったら、ニューバッカスの佐藤さんが、

「これ、高野湯のおばちゃんから預かってんだ。しんちゃんへ、御礼だって」

茶色い紙包み。持ってみると重く、ひんやりと冷たい。うちに持って帰り、二階の窓辺であけてみる。

肉だ。ビニールで真空パックされた、冷凍のお肉。かんたんなメッセージが添えられている。紙が湯気か冷気でくにゃくにゃになって、その上でボールペンの字が、湯船に浸かったみたいに揺れている。

肉は鍋で茹で、黒四ダムみたいに小皿いっぱいに満たしたタレにつけながら食べる。誰の肉だろう。おばちゃんのか。孫たちかもしれない。僕の肉だろうか。いや、これは、高野湯の肉だ。だからいまも高野湯は、僕という肉のどこかしらに建ちつづけているのだ。

#12

土地

油壺。

ヨットが停まってる。三崎にはめずらしいハイソな、横文字が似合いそうな。けれども園子さんとはじめて浜までおりていき、薄暗い空の下でちゃぷちゃぷ水に触ったあと、うちに帰ったら園子さんが謎の高熱をだして寝込んだ。

油壺の由来は、戦国時代、三浦氏と北条氏の戦があって、三浦氏が敗れ、勝った側の北条氏が三浦氏の武将の首をいっせいに切り落とし、流れた血が湾の水面にたまっててろてろ光り、まるで油を張った壺みたいに見えたから、そんな名前がついた。

こんなこと知らなんだから、不用意に、そばにあった祠に手を合わせもせんと、ちゃぷちゃぷ水に触ったりしたんやんけ。ああ怖。

通り矢、引橋、城ヶ島と、歴史の余韻をひびかせる地名が三崎には多い。三浦半島の南の端に位置する、というより、南北にのびた陸に辛うじて引っかかるようにして、三崎の港はある。時間の端にも、引っかかってる感じがする。だから、東京や横浜から来たひとには、時間が異様にゆっくり流れているように感じられるかもしれない。

別に、スローな生活とか、昭和で時がとまってるとか、そんな甘ちゃんなことをいいたいわけじゃない。

三崎の時間は、戦国時代やそれ以前から、いま現在にまで通じる。年号や日付やデジタルの数字じゃなく、手を伸ばせば触れてしまう、生々しい時間。代はかわっても、町もひとも、あまり進化してない。三浦一族の末っ子に、のんちゃんと同じ顔の武将はきっといた。三浦按針《あんじん》が散歩中、ノブさんと同じ顔のサムライが笑いながら立ち小便した。久里浜に上陸したペリーの一行を見物に、ポパイの奥さんと同じ顔の娘たちが忍び足で歩いていく。

スナック扇のママさんの、いちばん古い記憶は雪景色だという。たぶんまだ三、四歳だった。窓の外を見てると大粒の雪が降りおちてきた。うしろでは誰かがラジオをきいていた。たぶんおとうさんかもしれない。雪はどんどん激しくなり、港町はやがて真っ白に染まっていく。

「ラジオで、わんわんわんわん、大きな声でしゃべってるのをおぼえてんだ」

カウンター越しに、おでんの皿を出しながら、扇のママさんは低い声でつぶやいた。

「あれはね、たぶん二・二六事件のラジオだったと思うんだ」

裏に住んでいたおばあさんは、ある日大きな着物のひとがやってきて、手をつないでくれたのを覚えている。手をつなぎ、町内を歩いた。高野湯の角をまがって、また日の出にもどってきた。

「おしゃれな男のひとでねえ、三崎でみたときなかったくらい」

とおばあさん。

「それがじつは、北原白秋先生だったって」

うちの斜め前に、大店の八百屋さん「八百兵」はある。家で包丁を使っていて、あ、ショウガが切れた、とか、あ、ネギが古い、とか、そんな瞬間にサンダルを引っかけ、八百兵さんまで走る。勝手知ったる大冷蔵庫の扉をあけ、ショウガ、ネギ、白菜にほうれんそう、そこにあるものを取ってレジへもっていく。

看板娘のカヲルさんが、事務用の椅子をくるりとまわして、

「おや、まあ、いしいさん。げんき、だったですか。いやだよ、なんだか、ずいぶん、やせたんじゃない」

いつも八百兵の店先にいるカヲルさんは年齢をこえている。たぶん、頼朝や弁慶の声をきいたことがある。瞳の輝きや声音、ときおり見せてくれる笑顔は、少女のままにかわいらしい。

カヲルさんのきかせてくれる三崎の話は、僕にとって、日の出に住んでいて最大の宝物だ。

ある日、冷蔵庫から牛乳をとってレジにいくと、カヲルさんが真面目な顔で、

「いしいさんね、ひとがいきていて、いっちばんキモチのいい音って、なんだかわかるかい」

「エート」

僕は少し考えた。このカヲルさんがいうのだから、なんだろう、波音、夕方に流れてくる「よいこがすんでるよいまちは」、船の汽笛、除夜の鐘、白菜を切る包丁の音、トカトントン……。

「降参です」

「いしいさん、まだわかいからね」

カヲルさんはふっと朗らに笑って、

「ひとがいきていて、いっちばんキモチのいい音はね、となりの金蔵が、音をたててくずれおちてくときの音だよ」

また別のとき、今度はトマトを腕いっぱい抱えるくらい買ったときだったと思う。僕のその様子をみて、

「いしいさん、あたしね。ベイヘーがね」

「ベイヘー？」

「アメリカの、へいたい」

「あ、米兵」

「その米兵がね、マージャンやってんの、みたときあんだけど。あのひとらは、なんでもおっきーねえ！」

「いっつも肉くってますしねえ」

「からだだけじゃなくってさあ、マージャンのパイってわかるでしょ。あの、ごろごろかきまわすやつ。あれがね、べいへーのマージャンは、いっこずつがレンガくらいあるんだよ」

「カヲルさん……それは、いくらなんでも……」

「ほんとだよ。あたしゃ、すぐそばでみてたんだから」

三崎に帰り、日の出の停留所でバスをおりると、家に入るより先に八百兵の店先をのぞき、カヲルさんがそこにいるかどうかたしかめる。カヲルさんはいつも、必ず、そこにいてくれる。なにを買ったときか覚えていない。ひょっとして、新しい本を届けにいったときかもしれない。

カヲルさんがしみじみといった。

「ねえ、いしいさん。三崎にこしてきて、よかったでしょ」

「はい。ほんとうによかったです」

「そうだよ。ほんとによかった」

カヲルさんはいつものように事務用の椅子をくるりとまわしてこちらを向き、

「あのねえ、外国でも、南の島でも、三崎みたいなところは、ほかにないよっ。いしいさん、わかるよね、三崎がいちばんいいの。あたしゃ、これまで、三崎からでたこと、いっぺんもありませんよ。だからわかるんだ。三崎みたいなところはね、いいかい、いしいさん、ほかのどこさがしたって、みつからないんだよっ」

#13

うたのまち

夕方五時、冬期は四時半になると、役所のスピーカーからひびいてくるメロディ。音はオルゴールかな。節に合わせて、くちびるのあいだから歌詞がこぼれ落ちる。「よい子がすんでるよい町は」。三崎に住むまで、三崎のひとがこの歌を作ったなんて、まるで知らなかった。

よいこがすんでる　よいまちは
たのしい　たのしい　うたのまち

作曲家の小村三千三《みちぞう》は一九〇〇年、入船のうまれ、というから、「ちょきちょき　ちょっきんな」の花屋は、あそこだったかもしれない。「かたかた　かったりこ」と、荷馬車が魚をはこび、夕方になれば電灯が「ぴかぴか　ぴっかりこ」と灯された。当番のひとがゼンマイを巻き、それで大時計が「ちくたく　ぽんぽんぽん」と下町じゅうに響いた。「歌の町」のリリースは昭和二十二年八月。八百兵のカヲルさんなら、これらの風景を見覚えているにちがいない。

三崎はなるほど「うたのまち」だ。銭湯の湯船のなか、行き帰り、ニューバッカスの佐藤さんは喉を震わせてうたっている。チャッキラコに、祭のお囃子。夕暮れてから夜風に乗って聞こえてくる、木遣りの練習。お祭で鍛え抜いているからみんなやたらとカラオケがうまい。城ヶ島の磯には「雨がふるふる」し、油壺では、裕次郎が、アキラが、胸いっぱいに海風をはらんでヨットを乗りまわしていた。公園の角のレコード屋さんは、都はるみの「涙の連絡船」を日本一売った、ということは、世界一多く売った店だ。

今夜も　汽笛が　汽笛が　汽笛が
ひとりぽっちで　泣いている

遠洋航海の船には「うた」がつきものだった。半年、一年、二年にもわたる旅。陸で船員を集めるとき、腕のいい航海士と同じくらい、ギターを弾ける船乗りは引っぱりだこだった。夜ごとの食事のあと、ギター弾きは船縁に腰かけ、船員たちからリクエストのあった曲をつま弾く。船腹をたたく波音とかもめの声の伴奏つき。船乗りたちも喉を楽器みたいに膨らませてうたったろう。そのときみなの目の奥に映っていたのは、いつか無事に帰る、母港である三崎の町並みだったはずだ。みなよい子だった。三崎ほど「よいまち」はカヲルさんのいうとおり他になかった。だから、そのとおりの歌がうまれたのだ。

「うたのまち」は、「うたのひと」を遠くから惹きつける。

もともと家族経営の韓国料理屋さんだった角に、極端におしゃれなカフェができたときはぶったまげた。さらに、三崎の風景から浮きあがるのでなく、もともと何十年もあったみたいにその場に溶け込んでいる。ミサキプレッソ、MPの店主・藤沢さんは、音楽の現場に長く身をおいてきたひとだ。おだやかな物腰と鋭い目。地元の漁師も観光客も、気がつけばいつのまにか、藤沢さんの出す白ワインでたがいに溶け合っている。藤沢さんを訪ね、日本一有名なサックスプレイヤーはじめ、おおぜいの「うたのひと」が三崎にやってくる。

藤沢さんからつながる縁もあって、MPのたたずまいにどこか通じる新しい店が、ここ数年、三崎下町につぎつぎとオープンしている。目の前に展開する町並みは、古いうた、耳新しいうたが、順々に、口から口へ、つながりあっていくさまを思わせる。「うたのまち」が、みずからメロディを引きよせ、町自身の声でうたっている、そんな風にみえる。

ノブさんがいつ、なにがきっかけでギターを手にとったか、きいてみたことがない。春日八郎、三橋美智也が好きだった。「別れの一本杉」なんて唄わせたら、知らないお客でもグラスを置いて聞き惚れた。

三崎がうたっている。日の出の山本先生もそうだ。他にもおおぜいいる。木遣り歌はみんなそうだし、たったひとりのカラオケもそう。ほんものの三崎の人間が唄うときはいつも、そのひとをマイクみたいにふるわせ、三崎がのりうつって唄っているのだ。

#14

海からの風

三崎にきたひと。きてくれたひと。

『新潮』の矢野さん。僕が住みはじめて半年くらいだったか、東京からうちまで遊びにきてくれた。二階に案内し、下でお茶を煎れていたら、天井ごしに声がひびいた。

「これだー！　これが、にんげんのくらしだー！」

それから二年ほど経って、不動産屋さんを紹介してほしい、と連絡があった。もちろんオーシャンフロントの「ザ・裕次郎」勝又さんに引き合わせた。

「まいったな、編集長かよ」

勝又さんは名刺に弱いのだった。自分でコーヒーまで淹れてくる。ずっと「ろくでもねえ野郎」呼ばわりの僕とは大違いだ。

「じゃああんた、相当稼ぐよな」

「いえいえー。そんなことは」

「風情があんとこがいいよな、なんせ、編集長だもんな」

結局のところ、勝又さんは目がいい、腕がいいのだった。通りから奥まったところ。路地に囲まれた、日だまりみたいな庭付きの、平屋造りの一軒家。矢野さんとしては、ほぼ理想の物件だ。かんたんな荷物を持ちこんで泊まった初めての晩、夜中じゅう、笑えて笑えてしかたなかったそうだ。

もう十何年になるだろう。半三崎、つまり一・五崎人として矢野さんは、半島のどこかになにかできたときけばすぐスクーターを飛ばし、その場を作ったひととうちとけ、あるひととあるひとを繋ぐ。遠くから通ってくるからこそ、距離のあいた同士にも目が届く。地の若者や商店主はみな頼りにし、こころから信頼を寄せる。食、お店、もちろん書籍、プロ以上の耳をもって聞きこんだ音楽。矢野さんはもはや、三崎文化の影のフィクサーといった存在だ。

鬼海弘雄さん。

世界一のポートレイト写真家。

じつは三崎には、鬼海さんのほうが早かった。大学の哲学科を卒業後、三崎にやってきてマグロ漁船員の面接をうけた。

「あんた、大卒だろ？　こんなとこで何やってんの」

とっつこまれたそうだ。鬼海さんは船に乗り込み、三崎からメキシコまで八ヶ月かけて往復した。三崎の埠頭に戻ったとき、

「もう二度とマグロ船には乗らないと思ったよ」

カバンには航海中に船員たちを撮影したフィルムがはいっていた。鬼海さんの初めての被写体は三崎の船乗りたちだったのだ。

浅草寺の境内にほぼ毎日、三十年かよい、ほかではけして会えない、いま、ここを生きている老若男女を撮りつづけ、アメリカ、スペインなど海外でも人気が高い。

いきなり電話が鳴り、受話器をとったら鬼海さんだった。『麦ふみクーツェ』を激賞いただき、その後、新刊が出るたび電話で感想をくださる。

「今度、写真のプリントもって、三崎へいくよ」

といって、そしてほんとうに鬼海さんは自動車で山をトンネルを越えやってきた。新作『PERSONA』のコピー、手書きのキャプションを、一枚いちまい鬼海さん自身が解説してくださる。あまりのすばらしさに息を吸うのを忘れ気絶しそうだ。

三崎生まれのものがみたら、きっとなつかしく思うだろう。生き別れのきょうだいにめぐり会った気さえするんじゃないか。『PERSONA』に収まっている写真には、「かなしみ」と「笑い」

が同居している。あっさりいってしまえばそこに「人間がいる」。見知らぬひとたちのはずなのに無性に愛おしい。みんな鬼海さんのカメラという船に乗って、遠い海、世界の果てから帰りついたばかりのような、気高い、誇りに満ちた顔をしている。

こんな顔を、写真家・鬼海弘雄は、三崎の港にはじめてきたときに見つけたのかもしれない。そうしてそんな顔を探し、浅草にかよいつづけたのかも。

二階でまるいちの魚をつついてお酒を飲んでいると、モチクの佐々木さんがあがってきた。

「よう、なんだかにぎやかにやってんじゃんかよう」

うちのスピーカーから大音響でボブ・ディラン「ライク・ア・ローリング・ストーン」が流れている。

どんな気分だい、どんな気分だい、どこにも帰るあてがなくて、誰にも鼻もひっかけてもらえないのは。おまえ自身だってことは。

転がってく石ころみたいにさ。

鬼海さんと佐々木さんがディランの声を浴びながらマグロ漁の話をしている。埠頭では城ヶ島大橋が赤くきらめいている。夜の佐々木さんの痩せた顔が『PERSONA』のページに鏡みたいに映っている。

同じく写真家の川内倫子さんは雑誌の編集者、インタビュアーといっしょに来た。インタビューがつづいているあいだ、じっとこっちに背中をむけて、僕が五歳のころ書いた本を読んでいた。画用紙にクレヨンで書きホッチキスで留めたものだ。

それからふたりで近所をまわった。あれこれ話しているうち、川内さんと僕とのあいだに、ふたつの円が重なり合ったベン図のグラフみたいに、共有する領域があらわれ、ふくらみ、息づいてくるのを感じた。こういうとき普通ならたぶん恋愛につながる。でもそうならなかった。もっと深い関係になった、たぶん。

日の出のバス停からのぼってくるゆるい坂から、僕のうちを撮った写真がある。倫子ちゃんがここから、こんな風にうちを、僕を見ていたのか、としばらくたちどまる。川内さんの写真のなかに、僕の三崎暮らしが、永遠の「いま」として収められている。そうして倫子ちゃんの撮る「いま」は、一点でなく、太古から立っている大木の幹のように太い。

また別の日、台所でアジの南蛮漬けを作っていたら、ガラガラ、と引き戸があいて、

「おはよー」

と倫子ちゃんの顔がのぞいた。近所でなにか撮影をしていて、ちょうど休憩時間なので来てみた、とのこと。

「じゃ、味見してや」

といって、アジの尻尾をつまんで玄関へ持って行ったら、アシカみたいにぱくりとくわえ、

「ん、おいしい、じゃあね」

そういうと手を振って、引き戸をあけはなしたまま現場に去った。

彼女の写真集に文章を寄せる、ということがこれまで何度かあった。また、去年の夏はいっしょにバリ島へいって、彼女は撮影、僕はバリの短編を書く、ということもあった。仕事とも、友人、というのとも違う。おこがましいけれども、ことば、写真と、手にもつ道具がちがうだけで、ふたりとも、この世界のなかで、この世にむかって、生きながらたぶん「同じようなこと」をしている。

いつだったか、ふたり東京で飲んだくれたとき、ちょうどいい時に出会えて、命拾いした、という話になった。僕が東京の闇酒場でバーテンをし、世の規範から外れ、メチャメチャをやることこそがかっこええんやと信じこみ、日々それを実践していた頃、川内倫子も東京で、同じようなことをしていた。もし当時出会っていたなら、目が合った瞬間に投合し、会ったその日のうち、ともに暮らしはじめていただろうが、つづいていく日々のうちに、

「おんどりゃ、倫子、はよ酒もってこんかい！」

「じゃかーしい、慎二、おどれ、飲みたいんやったら、便所紙にでもなんでもなんか書いて銭もってきくされ！」

みたいな罵り合いのなかで、ふたり足を引っぱり合いながら、ズブズブこの世の底へ沈んでいってしまったろう。いま倫子ちゃんは写真、僕はことばをやっていて、離ればなれの場所にいながら、ともに、この世界に向かって「同じようなこと」をしている。

三崎が出会わせてくれたのだ。

もうひとり、音楽家の原田郁子。

窓からメロディが流れこむみたいに、ある日、三崎へやってきた。

黒電話が鳴った。受話器をとる。はじめまして、あたし、原田郁子といいます。音楽やってます。クラムボンっていうバンドで、ピアノ弾いて、うた、うたってます。で、えーと、今度ソロアルバムを作ることになって、そのなかで、いしいしんじさんに、歌詞を書いてほしい、って思ってるんですけど。

はなればなれ、と僕はつぶやいた。三崎に越してくる前、浅草に住んでいたころ、錦糸町のレコード屋の試聴コーナーで『はなればなれ』という名のシングルＣＤをきいた。音楽でおもしろいことをしてる、と感じ、買って、うちで何度もくりかえし聞いた。そのバンド名がクラムボンだったことを、はなればなれのイントロとともに思いだした。

公園で待った。坂をおりてきた水色と赤のバスから、海釣りに来た女の子、といった気配を身にまとい、郁子ちゃんがおりてきた。まるいちへ寄ってめといかかなにか買った。うちの二階で、お互い、どんな本が好きか、どんな音楽をきいてきたか話しているうち、よいこが住んでるよい町は、のメロディが空で鳴った。ふたりきりでするお見合いのようだった。

日が暮れる前のバスで郁子ちゃんは帰っていった。歌詞の話はどちらからも、一切なにもしなかった。水色と赤のバスの赤いテールランプを見送ったあと、僕はうちへ帰り、原稿書きに使っているコピー用紙を机に置き、思いつくままにことばを書いた。郁子ちゃんの気配がまだそこに残り、ことばが進むごとに、くねったり、ひろがったり、笑ったりした。そのうち郁子ちゃんは、三崎の町に溶けた。ふたつの歌詞ができあがり、夜の三崎から僕は、それを郁子ちゃんのもとへ送った。

ひとつ目は「かじき釣り」という歌。歌が進むにつれストーリーが展開する。女の子がひとり港へ釣りに来る。ひげの船長が「乗れよ」と誘い、ふたりは海原へ出る。船長は弁当を忘れ、女の子のツナサンドを頬張り、こんなうまいものがこの世にあったとは、と驚く。竿にかじきがかかる。ふたりは奮闘し、なにかが起こり、そうして港へ帰ったふたりは結婚式をあげる。釣ったのかな、釣られたのかな、いまのあたしにはわからない、女の子は微笑みを浮かべてうたう。
ふたつ目は「海からの風」。

家を　ゆらす　海からの風は
皿も　煙も　わたしをもゆらす
どこかへ　とんで　いっちゃいたいな

海からの風は三崎に吹きわたる。僕は付けひげの船長で、郁子ちゃん、矢野さん、鬼海さん、倫子ちゃんは、釣りに来た女の子だった。釣ったのか、釣られたのか。三崎はいろんなひとを出会わせ、海風のなか、遠く、近く、景色ごとゆらす。

#15

マンボウ

その日のマンボウは特別大きかった。

なにしろ矢野さんが靴でのぼって、その丸くふくらんだ腹の上に、ごろりと寝転ぶことができた。

ノブさんはのんちゃんに、

「のじ、テメ、きょうから、このマンボウん上ん住め」

といって、缶ビールの尻で頭を小突いた。

「かんべんしてクダサイヨウ」

と、のんちゃんはそういって、どこかへ逃げてしまった。

まるいちの店先に、ふだん、並ばないわけじゃない。身でなく、真っ白い内臓を指でたてに裂き、酢味噌で和えたものを、三崎のおばあさん連中はわりと好んで食べる。細長い白子ロープみたいのが、店先の紙皿の上にとぐろを巻いて鎮座している。

ただ、その日のマンボウは、じつは子どものマンボウで、しかもまだ生きていた。魚類のなかで、マンボウは唯一まぶたを持っている魚で、下から上へ、ぱちぱち、と瞬きをする。

自分がいま、どこにいるかわからず、けれどもそれを気にもしていない表情で、ぱちぱち、ぱちぱち。大勢のひとが記念写真を撮った。魚屋の店頭にあがった、三畳敷きの子マンボウ。カメラのシャッター音がぱちぱち、まぶたがぱちぱち、ぱちぱち。

サーテ、おろすッかな、とノブさんが包丁を手に、椅子がわりのビアケースから立ちあがりかけたそのとき、

「やめてっ」

と人垣から甲高い声があがった。赤い縁のメガネの観光客のおばさんが、両手でハンドバッグを胸に当ててわなないている。

おばさんはノブさんに、このマンボウ、まるごと一匹買ったらいくらになりますか、と声を投げた。ノブさんは考えたこともなかったが、ウーンと、と顎に手をあてて頭をめぐらし、マ、三千円てとこかな、といった。目方でだいたいそれくらいだった。

おばさんはハンドバッグをひらき、指輪のはまった真っ白い指で「弁当箱みたいにでっけえ」財布を取りだすと、ぴんぴんの新札三千円をノブさんに渡して、

「わたし、この子、買います。この子、生きたまんま、海に帰してあげてくださいっ」

と叫んだ。

みなたまげた。ノブさんでさえ数秒ことばを失った。魚屋で買った魚を、生きたまんま海へ戻す。そんな話、こんりんざい、誰もきいたことがない。マンボウくんはひとり表情を変えず、ぱちぱち、ぱちぱち、瞬きをくりかえしている。

なんだか、ぬらぬらしたものをつまむような手つきで、ぴん札三千円を受けとったノブさんは、

「でもマ、奥サンが買った魚ナンダカラ」

そういって、息子の英くん、店員のじゅんくんに、目線で合図をおくった。ふたりはマンボウくんの胸と腹に手をかけ、んぐ、と肩に力こぶをつくった。宙に浮きあがったマンボウくんは、なおもぱちぱち、目をしきりに瞬かせている。

埠頭への道を、まるいちの若いふたりが、子マンボウを抱えもって歩く。地の人間も観光のひとも、立ち止まり、首から上だけを機械じかけみたいにまわして見つめている。京急バスも、停留所を出たところで停まっている。気づいたおばさんたちはみんな太極拳みたいに手を伸ばし、ジコッ、ジコッ、とケータイのシャッターを押しまくっている。

メガネおばさんやまるいちのみんなが見守るなか、若いふたりは腰を落としつつ船着き場のスロープをくだっていった。海中に浸され、うしろからそっと押し出されたとき、子マンボウ

くんのからだは一瞬、よろよろと左右にぶれた。が、波に乗り、しばらく浮遊して呼吸をつかむと、マンボウくんはゆっくりと埠頭から城ヶ島のほうへ泳ぎはじめた。さよなら、さよならあ、メガネおばさんが声をあげる。マンボウくんは進んでゆく。海面であがりさがりする三角の背びれが、まるで手を振っているようにみえる。

そのときだ。

トトトト、とエンジン音を響かせ、一艘の船が埠頭の端から波間へ滑りでた。わりとスピードの出るプレジャーボートで、釣りや漁もできるようだった。甲板には大きな網をもった男性が三人いた。ボートは迷わず、まっすぐに航路をとっていた。そして、その目指す先には、波間で上下に揺れるマンボウくんの背びれがあった。

メガネおばさんは、なにか海のものが取り憑いたかのように身をよじらせ、逃げてっ、はやく、もっと速くっ、と怒鳴った。マンボウくんも懸命にスピードをあげているのだった。しかしいかんせん子マンボウが、スピードの出るプレジャーボートにかなうわけがない。甲板の男たちは、みんなゲタゲタ笑っていた。そのうちのふたりが毛むくじゃらの腕を伸ばし、マンボウくんを甲板へ網ですくいあげた。ボートは三崎の湾内を、ふざけた感じで右へ左へ蛇行しながら進み、やがて埠頭のまんまんなかへ着岸した。

男たちはわいわい騒ぎながら、マンボウくんを神輿みたいに差しあげ、釣具屋の前まで運んだ。男たちはマンボウくんを板の上に寝かせると、背中と腹にカッターナイフを差しいれ、すいすいと押し、すいすいと引きつづけた。そのうちマンボウくんは、横倒しのまま縦まっぷたつにされてしまった。

男たちは、横倒しになったマンボウくんの上半分に手をかけると、せえの、と声を合わせ、メキメキメキ、と裂いた。内側の真っ白い身が夏の雲みたいに光る。男たちは手慣れた様子で、手指で細く裂いた白身を、ボウルに用意しておいたらしい茶色いタレにつけ、立ったまま、あるいは地べたにあぐらをかいて、ビール片手に食べはじめた。

メガネおばさんは半狂乱だった。口からブクブク泡を出しながら、お経だか歌謡曲のサビだかわからないつぶやきを発し、美智世さんの首にすがりついていた。隣でバドワイザーの缶をもったままノブさんは、

「マ、奥サン、金で解決できねえことなんてこの世にはいっくらでもあんだよ」

そう声をかけるときびすをかえし、長靴を高くあげながら、魚たちと客の待つまるいちの店先へと帰っていった。

#16
軽い向かい風

初めて訪れるひとも、この小さな下町をくるっと一周すれば、あ、あれが三崎名物かな、とすぐに見当がつく。

しずかな商店街。神社への参道。露地を覗きこんでみてほしい。そこにきっと鳥居がある。ちいちゃいのは、猫がくぐるトンネルくらいの。大きいのなら、海南さんの立派なやつ。目に見えないものを大切と、いまどき思って生きているから、三崎のひとたちの日常には、とにかく、すぐに手を合わせられる鳥居が必要だ。下町じゅうに、たぶん何十と立っている。立ち止まって手を合わせてる人、実はあんまり見かけないけど。

布袋さんみたいな立派な腹に、ごま塩のひげ、迫力のある男前な顔立ちに、目だけはくりっとやさしいおじさんがいたら、それはカッちゃんだ。

「よう、どっから来た。まあ、まずはカッちゃんの隣、すわんな。すわんなってえ」

つい、すわってしまう。このひとにはクラクラするような磁力がある。うちの園子さんはカッちゃんの大ファンで、会えたらもう隣にべったりくっつき、えんえんおなかを撫でつづけている。カッちゃんのしてくれる話はどれもこれもほんとうにサイコーだ。

「よくよ、人さし指でもの差して、ピストルの真似して、バーン！　てやんじゃん。カッちゃん、高校生んときよ、パラパラパラ、ってうっせえから、なんだ、ってみあげたら、ヘリコプターが飛んでくんよ。うっせえ、ってさ、カッちゃん人さし指のばして、ヘリのほうむけて、バーン！　てやっただ。したらよ、いきなりヘリかたむいて、煙ふきだして、へろへろ、へろへろ、どっか、墜落しちまってよお。うわー、って、カッちゃん。やっちまったー、って」

牡丹のチャーシューも名物だ。煙だけでなくオーラが出ている。カッちゃんはよくこのあたりのカウンターで飲んでいる。

猫たち。

猫好きが来たら驚く。こんなにも太って、我が物顔で、アスファルト、玄関先、花壇の裏と、好き勝手な場所で昼寝して。

モチクの佐々木さんが教えてくれた。

「昔、集まりがあってよ。えらくノラネコが増えて困るって。昔はネズミ取るために船には必ずネコ乗せてたんだ。それが、あんまり船が出なくなっちまってよ、ネコ、そのへんにほっぽいだしちまってよう。でよ、ネコでなにが困るかってえと、ゴミだよ。生ゴミの袋、べりべり、ツメで破って、ぼろぼろにしちまうだ。で、どうすっか、って話になったんだよ。つかまえて、保健所送ったって、またどうせ増えちまうし、ゼニかかんべ。で、そんときの区長がよ、『野郎ども、いっつも腹いっぺえにさせときゃ、生ゴミなんて見向きもしねえよ』だと。そんで、そう決まっちまっただ。ネコみっと、みーんなエサやんだよ。小魚とか、刺身の切れっぱとか、そんなのいっくらだってあんだから。で、ネコの野郎ども、ぶっくぶく太っちまって、もおっと増えちまって。俺ぁ反対だっただ。ネコなんて、番犬にもなんねえし、なーんにもしねえし、どうしようもねえもんだ。見ろよ、あの野郎ども、いまじゃもう勘違いしやがって、自分らが人間より上だと思ってんだ。まーったく、冗談じゃねえよお」

『港、モンテビデオ』は猫小説でもある。主人公のひとりは三崎の道を歩きながら、足にまつわりついてくる丸い「猫ったま」を、ぽんぽん蹴り上げて遊ぶ。小説のなかの美智世とノブをじっと見まもっている存在でもある。ま、見まもってるだけで、佐々木さんのいうとおり「なーんにもしねえ」んだけれど、猫だから。

風。

冬には西から強い風が吹く。ノブさんは、

「こいつがねえと、干物がうまくならねえんだよ。おれみたいに、スッカラカンに乾いちまうばっかでよ」

と教えてくれた。

風が吹きわたるぶん、空は真っ青に晴れわたる。魚たちは湾を回遊し、群れについてまわるとんびやかもめが、上空からゆるやかに舞いおりて小魚をすなどる。

三崎では、動物たちが目にみえない風でつながりあって生きている。そして、現代の日本では奇跡的なことに、海と土地のまじりあうこの狭い町に住む、人間たちもその風のはしっこにつながれている。見た目も中身も、東京の山の手を散歩している血統書付きの犬たちよりよっぽどケモノだ。

笑い、食べ、泣き、くだらないことをいい合い、歌をがなり合って生きている。肉を愛し酒を愛し、面倒くさがりなのに「しゃんねえなあ」と、文句たらたら、いちばん割に合わないことを自分から引きうける。

追い風より、軽い向かい風くらいのほうが性に合っている。北条湾の上の青空を、見あげてみればいい。強い風を真正面に浴びながら、面倒そう、でもじつは愉しげな表情で、三崎のとんびが空中で、気ままにホバリングして遊んでいる。

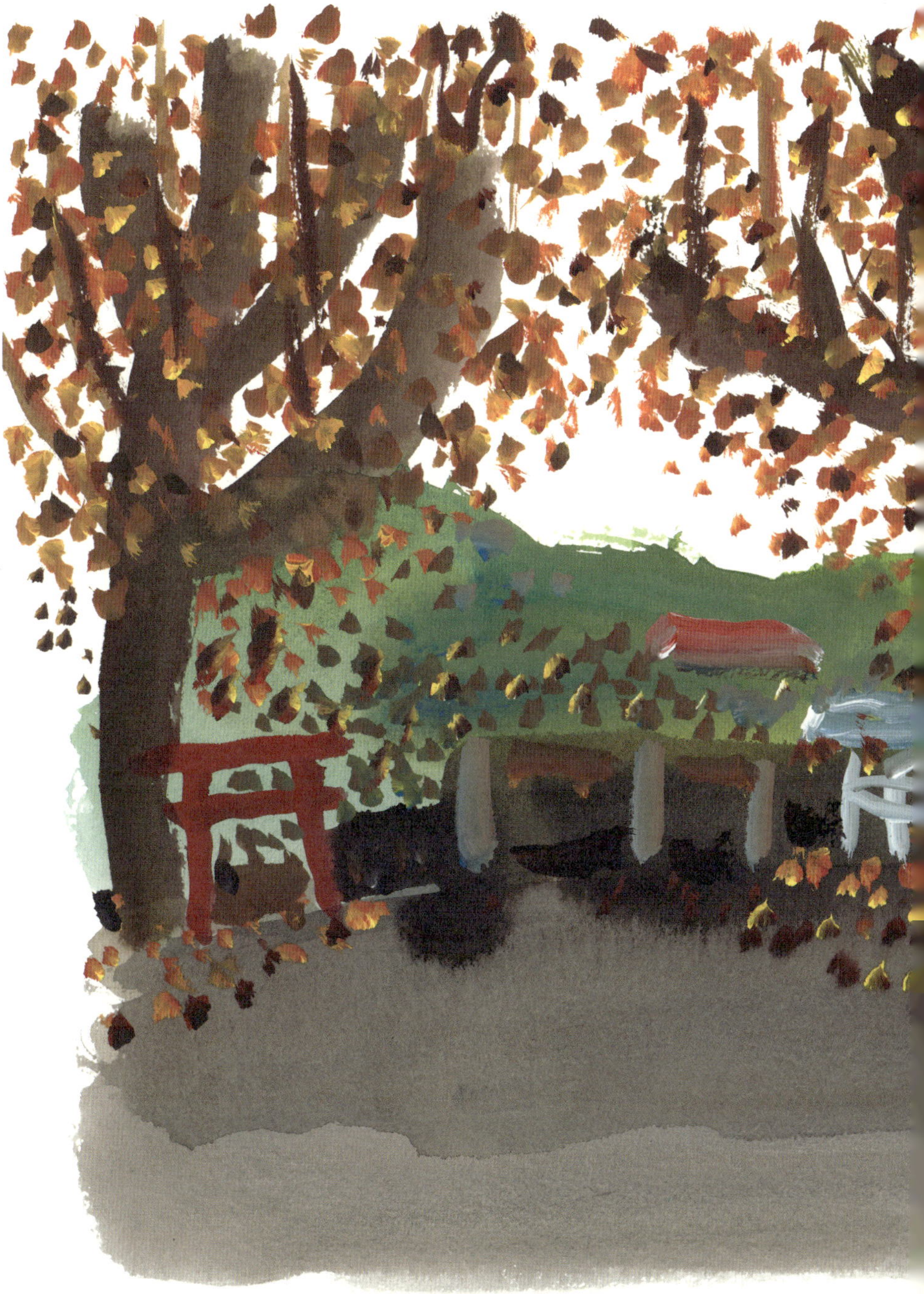

#17 モンテビデオの話

『港、モンテビデオ』のこと。

はじまりは、大竹伸朗さんだった。

とある編集者から相談があった。小説家の僕と画家の大竹さんとで、絵入りの小説本が作れないか。大竹さんに、僕から打診してもらえないか。

ちょうど東京で、大竹さんと会う予定があった。僕は編集者に「大竹さんて、小説につける絵って、たぶん描かはらへんとおもいますよ、いちおうゆうてみますけど」と断っておいた。

二〇〇七年三月八日、新宿の居酒屋で待ち合わせた。写真家の鬼海弘雄さんもいっしょだった。

大竹さんは僕の話をきくや、即答した。

「いいじゃん。やろうよ」

ビールをぐいとあおる。

「でも大竹さん、小説の挿し絵みたいなこと苦手や、って前にいうてはりましたね」

「そうだね。いしいさんは、絵にインスパイアされて小説書くことなんかあんの」

「ないです」

「だよな。どうしようか」

大竹さんの頭のなかを目に見えない光が一瞬はしった。

「じゃあさ、こうしようか」

大竹さんはいった。

「先にタイトルだけ決めんだよ。ふたりで好きなことばを、ふたつガッチャンコさせて。で、俺はそのタイトルで絵を描いて、いしいさんは小説を書いて、おわったら、あとで一冊に合わせればいいんじゃない」

「そうしましょう」

と僕はいった。

「大竹さん、いま、思いつくことばってなんですか」

「俺さ、最近、モンテビデオ、って気になってしょうがないんだよね」

「えーと、地名ですよね。どっかの港町」

「よく知んないけどさ、なんかカッコイイじゃない。ビデオ、とかはいってるし。いしいさんは、なんかある?」

「えーと、んじゃ、今日僕三崎から来ましたし、港、にしますわ」

こうして本のタイトル、「港、モンテビデオ」だけが先に決まった。朝まで大竹さんと飲み、いったん園子さんの待つ信州の松本で休んでから、また三崎に戻った。

夕方まるいちにいくと定休の水曜日じゃないのにシャッターがおりている。その場にたたずんでいると、裏路地から、わりと正装の美智世さん、ワイシャツ姿のノブさんがあらわれた。親戚の法事で、東京にいってたらしい。「いっしょに晩ごはんどう」と誘われた。市場のほうの回転寿司屋さんにいった。

カウンターの隅に三人で並ぶ。若い大将にノブさんが「オウ」と声をかける。大将はカウンターの向こうで嬉しげに頭をさげる。

「きょうはビンチョウがうめえんだよ。ビンチョウ、ビンチョウ」とノブさん。

僕の注ぐビールをコップで受けながら、美智世さんが訊ねた。「しんじさんは、こないだ東京で、どこいってたの」

僕はこたえた。「大竹伸朗さんと会って新しい本の相談してました」

「そう」と美智世さん。「どんな本なの」

大竹さんがエッセイの連載を持っている文芸誌『新潮』の編集長は「一・五崎人」の矢野さんだ。もちろんまるいちの常連で、食堂の壁面に大竹さんのチラシを貼ったり、ノブさんに映像を見せたりしているから、ノブさんと美智世さんも大竹伸朗さんのことは周知している。

僕は、夜の酒席での会話をかいつまんで話した。「ええ、そんな絵と小説のくっつけかたあるの」と美智世さんは笑った。「オメー絵んなかにフキダシ書いてマンガんしちまったらいーじゃんかよ」とノブさんはいった。

「で、題はなんてんだよ」

「港、モンテビデオ」僕はこたえた。

「ノブさん、知らへん？　たしか、南米かどっかの港町でしょ」

瞬間、灰色の風がながれた。そんなことは滅多にないのにノブさんの口から返答が出なかった。コンマ数秒の沈黙が僕には永遠につづくかに思われた。ノブさん、美智世さんのふたりが黙り込んでカウンターにむかいじっと顔をうつむけている。

灰色の風を払い、美智世さんがしかし、怖ず怖ず、という語を顔に貼りつかせて、こちらに顔をあげ、訊ねた。

「しんじさん、わたし、しんじさんに、モンテビデオの話ってしたっけ」

真後ろで灰色の風が吹きあがった。僕は背中から身を引っぱがされ、なにか大きな渦のなかに、前のめりに巻きこまれていく感覚をおぼえた。

もうとまらなかった。美智世さんは話しはじめていた。ノブさんはビールのコップを手にカンターに肘をつき、黙ってきいていた。僕が渦に飲みこまれかけたら、すぐにでも腕をのばし、海面にすくいあげようと待ち構えているかのように。

美智世さんのお父さんは黒崎昌吾さんといって、若い頃からマグロ漁船の通信士をしていた。遠洋漁業が盛んだったそのころ、船の上でもっとも高給をとるのが、漁の指揮をとる漁労長「船頭」、次が、船の責任者「船長」、そして三番目が、情報を集め発信する通信士「局長」だった。

黒崎さん、通称黒さんは、三崎では名うての、引く手あまたの局長だった。おさない頃岸壁まで船を見送りにいったのを、美智世さんは目と耳とすべての感覚でおぼえている。帰りがいつになるかはいつも知らされなかった。漁の進捗《しんちょく》で旅程はいつも伸びたり縮んだりする。黒さんが帰るのはいつも夜だった。「埠頭でおりて、ひとりカバンを提げ、家をめざして歩きだすのが、布団にいて、わかるような気がするときがあるの」と美智世さんはいった。そうして戸をあけて、押し黙ったまま、三崎の家の玄関に足を乗せる。寝ぼけて起きてきた幼い娘を抱きあげる。そのときこそ黒さんにとってほんとうの帰港だ。

六十になって、黒さんは船の仕事を辞め、陸にあがろうとおもった。そこをなんとか、と知人に乞われ、最後の航海に出ることにした。出航は三崎でなく清水からだった。

船はインド洋からスエズ運河を通り、地中海にはいった。イタリアで下船したとき、黒さんはとても寒く、夏なのにセーターを買ったそうだ。船はジブラルタル海峡を抜け、大西洋を南西へ横断した。目指す目的地はウルグアイの首都、自由港モンテビデオだ。

船が港に着き、船員たちはつぎつぎとタラップを降りていった。埠頭で誰かが、「オイ、黒さんは」といった。若い船員がタラップをあがり、通信室のドアを覗いてみると、黒さんがモールス通信の電鍵を握りしめ、前のめりの姿勢でうつぶせていた。

まだ息はあった。モンテビデオから船会社へ、船会社から美智世さんの実家に電話がかかり、たまたま印鑑をとりに戻っていた美智世さんが受話器をとった。黒さんの奥さんはパスポートをもっていなかった。緊急で発行してもらうため品川区役所に出発しようとしていたら、また電話がかかり、「もうパスポートは必要なくなった」と船会社のひとがいった。昭和五十九年七月十日のできごとだ。

「いつ、どんな風に亡くなったのか、誰にもわからないの」と美智世さんはいった。

「わたしのなかで、この日付だけが、ぽかーんと穴みたいにあいちゃって、実感も、悲しいって気持ちも、なんにもないのよ」

通常なら飛行機で太平洋を越え、二、三日で帰ってこられるはずが、この年は特別な事情があって、その期間はむやみに引き延ばされていった。ロナルド・レーガンのアメリカがロサンジェルスでオリンピックを開いていた。黒さんはまた大西洋を越え、ユーラシア大陸を転々として、日本へ着いたときには一週間を過ぎていた。

羽田での出迎えにはノブさんがいった。

「びっくりしたんだよ。まるでマカロニウェスタンみてえな棺桶でよ。やたらめったらにばかでかくって、お棺のふたの上にホウキなんかのせてやがる、外人の考えんことはわかんねえなあ、って、よくよく見たら花束だった」

僕はふたりの声をききながら、いま自分が三崎にいる意味を思った。大竹さんはよく、背負わされちまってるんだよ、と苦笑して話した。僕もある意味、背負わされていた。港を、モンテビデオを。

僕はふたりに頭をさげていった。

「僕は、モンテビデオの小説を書きます。書かせてください。美智世さんのお父さんの話を、僕に、書かせてください」

「いいのー」と美智世さんはいった。

「モンテビデオなんてやめとけよ。砲艦サンパブロ、って題名にしなよ。幇間《ほうかん》ナンパ風呂でもいいじぇん」とノブさんはいった。

大竹さんのひとことが、僕と三崎を思ってもみない絆で結び直した。僕は小説で、三崎いちの局長・黒さんを、旅先のモンテビデオから母港の三崎へ、美智世さんとノブさんのもとへ連れ戻すのだ。

#18

航海

昭和中期から後期にかけての、三崎のマグロ漁の資料を、片っ端から読んだ。漁労長の自伝やインタビューを求め、市役所の図書館の棚にもぐりこんだ。

通信のこと。港町のこと。灯台のこと。

海難事故、それに、魔の海のこと。

野島沖、ミッドウェイ、バーミューダ・トライアングル。

「さんずいへんに、皮。波は海の皮膚だよ」と有名な船頭が語っている。

「肉は、飛びこんでみねえと、なんもわかんねえ。俺は飛びこみたくなんかねえ。海のこたあ、俺なんかも、ぜんぜん、わかんねえのよ」

大竹さんから絵はがきが届いた。三月のことだ。東京都庭園美術館で開かれている展覧会のポストカードだ。

お礼の電話をかけると、

「へんな絵なんだよ。空き缶や板にじかにペンキで描いてあって」と大竹さん。「ところでいしいくん、モンテビデオの小説、いま、どれくらい書いた」

「あ、まだ準備段階です。船や海のこと調べてて」

「フーン」と、大竹さん。

「めんどくせえことやってんなあ。俺、もう、モンテビデオの絵、三十枚は描いたよ」

「え」

ともかく僕は、園子さんとともに、展覧会に出かけていった。大竹さんはまったく意識していなかったとおもうが、驚いたことに、東京都庭園美術館の展示室の壁は、海と船と灯台で埋めつくされていた。

画家の名は、アルフレッド・ウォリス。イギリス南西部コーンウォール地方の港町、セント・アイヴズで漁師として働き、後年、鉄くず拾いをしながら絵を描いた。港の絵、船の絵、灯台の絵しか描かなかった。

ウォリスの絵には、上下や構図といった「めんどくせえ」理屈がなかった。それでいて必ず「中心」があるように思った。ウォリスが描いているのはもちろん絵だった。ただそれは、僕がふだん絵と思っている以上のなにか、ひとことで片付けてはならない大きな事件だった。

三崎に帰ってから、僕は外国のネット書店に、アルフレッド・ウォリスの評伝のようなものがないか問い合わせてみた。あるよ、と書店主はこたえ、画家の生涯が詳しく記された、二百ページほどの本を送ってきた。僕は、セント・アイヴズの地図をひらき、ウォリスの家や港、仕事で歩いた場所を確かめながら、評伝を読み進めていった。

セント・アイヴズの港町と、三崎の下町はちょうど同じくらいの広さだった。ウォリスが住み暮らしていたのは町のちょうど北東の海沿い、三崎でいえば日の出のバス停から坂をのぼっていったあたり、つまり、ちょうど僕が住んでいた白壁の家と、ほぼ同じ地点に位置していた。

セント・アイヴズというと、バーナード・リーチ、そしてヴァージニア・ウルフの名前が頭に浮かぶ。ウルフの「燈台へ」で描かれるのは、湾の向こうに浮かぶゴドレヴィー島の灯台だ。

ふたつの港の地図を見比べてみる。またしても符号が合った。ゴドレヴィー島の灯台と、三崎港沖に浮かぶ城ヶ島の灯台とは、ぴたりと同じ場所に重なり合っていた。

三崎の家の二階で、僕はひとり、百年の時間とユーラシア大陸をまたぎこし、ふたつの港が重なり合う一点に立って、ひとつにつながりあったおだやかな海を眺めていた。

セント・アイヴズ、三崎。

そして、モンテビデオ。

僕はその夏、多くの港町をめぐった。

夜な夜な、京都、熊本、直島、松本、博多に日田、天草、竹田、名古屋で、日生《ひなせ》で、長崎で飲みまくった。そしていつも三崎へ帰ってきた。

夏ごろ、「港、モンテビデオ」と、いつも使っているノートの黒い表紙に銀色のペンで書き記した。一行目は、次のようにはじまっている。

「陽の射しこむガラス張りの細長い部屋を歩きながら、美智世はふと、冷房きついわ、とおもった」

主人公は、美智世だ。

「亭主は店の人間からも客からも三崎の人間からも、ノブ、ノブ、ノブさん、と呼ばれている。本当の名は宣之である」

主人公は、宣之だ。

ふたり、三崎で魚屋を営んでいる。おおぜいの人間が店には出入りしているが、なかでも正体不明、職業不明なのが、慎二という関西弁の、髪がぼさぼさの男だ。

「慎二は引退した女教師の持ち家を借りている。それよりさらに昔は船員用の下宿で、玄関の左には受付があり、右手と左手にひとつずつ階段がある」

その家の二階で、僕は毎朝息をひそめ、小説のなかの三崎を散策しながら、船で海に出ていく時機をさぐった。窓の外に目をやれば、青い海と空のあわいを滑るように、真っ赤な城ヶ島大橋が空間を走っている。

小説のなかで美智世は、横須賀美術館で開かれていた、アルフレッド・ウォリスの展覧会にでかけ、夜は、スクーターに乗って港を行き来する編集者（矢野さんだ）から借りたヴァージニア・ウルフの『燈台へ』を読んでいる。

ノブさんは小学生の頃、第五福竜丸の原爆マグロで被爆している。慎二は魚屋の店先で、宣とならんでビールケースに腰かけ、ウォリスの話をしながら、ぐびぐびと缶ビールをあおる。

ふだんしていることが、小説にはいりこむと同時に、小説に書いたことが、実生活にも溶けこんでくる。小説と生活。どちらもが、だんだんと同じことになってくる。

七月三十日。黒さんの命日の夜、小説のなかで宣は、ひとりでスナックを訪ねる。なじみの「稚内」、というスナックにはいり、外に出ると、そこはほんとうの、稚内の町に変わっている。港の名のスナックをいくつもめぐり、ビールを飲んで外に出るたび、じっさいのその港町に来てしまう。

「バルパライソ」という名のスナックで、宣は、ノーベル賞詩人パブロ・ネルーダの「声」と出会う。「声」は宣を、チリの港町バルパライソの自邸に招待する。ふたりは、どこまでつづくかわからない階段をのぼる。宣とネルーダの声は、「神曲」のダンテとヴェルギリウスのように、ふたり肩を組んで世界の港＝スナックを旅してゆく。

美智世はアルフレッド・ウォリスの画集をひらき、何度も眺めているうち、その絵のなかに迷いこんでしまう。からだは実年齢でなく、十歳の少女にもどっている。ちいさな美智世はセント・アイヴスの町をさまよいながら、三崎と似てる、いや、おんなじだわ、と感じている。

三崎下町の地図でいえば、日の出の八百兵あたりに、立派な時計屋が建っている。そのはす向かいに位置するレンガ造りの家の、みすぼらしいドアを、美智世はあける。薄暗い部屋の奥で、元漁師、いまは鉄くず屋のアルフレッド・ウォリスが、聖書をかたわらに船用のペンキで巨大な絵を描いている。

慎二は、住み暮らしている日の出の家で、雑魚寝していた船員たちに叩き起こされる。ついに船出の日が来たのだ。

乗りこんだ船は「もんてびでお丸」。熟練の船員たちは、一糸乱れぬ動きで延縄《はえなわ》を海へ流し、かと思えば、肩をこぶのように膨らませて縄を船へ巻きこむ。何十何百のマグロが弾丸のように甲板へ飛びこんでくる。

慎二は吐く。吐きながら漁を覚えてゆく。もじゃもじゃの髪はどんどん伸びてゆく。まわりの船員達と親しくなってゆく。やがて通信室に招かれる。通信士はおだやかな声で慎二を迎える。通信士の名前は「黒さん」という。

「もんてびでお丸」を動かしているのは、ガソリンではない。海で死んだひとの、帰りたい、という思いが、船体を海のあちこちへ運んでいく。黒さんと慎二はモールス通信でみなの思いを打つ。

「ここにいる」「ここにいるよ」

日の出の家で目が覚める。自動人形のように机にむかう。僕は、まわりに、透明なひとたちがひしめいているのを感じる。潮のかおり。汗のにおい。ひんやりと冷たい。きこえない声がざわめいている。

僕は「もんてびでお丸」に乗りこむ。声をききとり、その通りに書いてゆく。「ここにいるよ」「ここにいる」「ここにいるよ」。

日の出の家は、もともと、マグロ漁の船員たちが漁のあいだに泊まる宿屋だった。船長の部屋と、雑魚寝部屋に分かれていた。僕が毎朝むかっている机は、雑魚寝部屋のまんなかに置かれてある。机の上には、美智世さんのおとうさん、黒さんの「船員手帳」がのっている。もちろん、ほんものだ。在ウルグアイ日本大使館の検印も押してある。

雇止年月日　昭和五十九年七月三十日
雇止港　モンテビデオ
備考　死亡のため

朝がきて、机にむかう。キーボードを叩きながら僕は、モールス通信の電鍵を打っている。僕の生に、死者たちの死がはいりこむ。小説と生活、どちらもが、知らぬ間に同じことになっている。

毎朝、起きるのが怖い、と感じたのははじめてだった。はじめて、小説を書くのが、怖い、ともおもった。

日が昇り、気温がぬるまってくると、僕は毎日サンダルをつっかけ、まるいちへむかった。

そうして、ノブさんと美智世さん、大場さんと英くん、のんちゃんら、生の側の人間に会った。「しんじさん、だいじょうぶ？」と、美智世さんは毎日声をかけてくれた。ありがとう、だいじょうぶ。僕は、ここにいます。「なんだか、腐った貝かなんか、食っちまった顔してんべ」とノブさんが苦笑し、ビールを手渡してくれる。それを毎日飲んだから、僕はかろうじて、生の時間に引っかかりつづけていられた、のかもしれない。

小説のなかで、宣、美智世、慎二は、世界じゅうにばらまかれたそれぞれの「ここ」、バルパライソ、セント・アイヴス、もんてびでお丸の船上から、ほぼ同時に飛びたつ。三崎にむかって、モンテビデオの、黒崎さんを連れて。

花暮《はなぐれ》の埠頭があわ立つ。城ヶ島大橋をくぐって、ばかでかい船が、波を切って進んでくる。もんてびでお丸。それは黒さんのための海の棺だ。

響き渡る汽笛。海の鐘。いま、ここに、局長が帰ってきた。ここにいる。ここにいる。ここにいる。宣と美智世は棺桶に取りすがる。慎二は洋上で手を振りながら、まぼろしの船とともに、城ヶ島の向こうへ流されていく。遠ざかってゆくモールス符号のように。ここにいる。いま、ここにいるよ。

長編『港、モンテビデオ』が終わったのは十二月のとある夜だった。僕は編集者と大竹さんに連絡をとった。三日後、大竹さんの住む宇和島へ、原稿を届けることになった。
観潮荘の大浴場で、ひさしぶりに風呂にはいった。長い航海から帰ってきた船員の気分だった。小説にあったとおり、僕の髪は、南洋の先住民みたいにもじゃもじゃに伸びていた。ヘルスメーターに乗ったら、半年前に比べ、体重が十八キロ減っていた。

小説の原稿は完成した。大竹さんの宇和島のアトリエには、「港、モンテビデオ」の絵が二百枚近くたまっていた。

『麦ふみクーツェ』『プラネタリウムのふたご』『みずうみ』と、僕の本を何冊も装幀してくれた、盟友の池田真吾さんもいっしょだった。池田さんは、大竹さんの作品集や「全景展」カタログもてがけていて、そしてまた、北海道の港、函館の生まれでもある。単行本『港、モンテビデオ』のデザイナーとして、池田さん以外のひとは考えられない。
年があけてから、編集者もふくめ、造本に関していろんなアイデアが出た。キャンバスサイズの、世界一大きな本はどうか。絵の束のなかに、小説の束をはさみこんでみては。しおりに、モンテビデオで使われなくなった紙幣を使ってみたらどうだろう。

アイデアは出る。けれども、だんだんと、なにかがずれていった。装幀の見積もりをとる。製本会社に相談をもちかける。ほんとうに必要なことはなんなのか。

もともと、美智世さんのお父さん、黒さんを三崎に呼び戻すための本。命日の七月三十日に出版するつもりだったし、スケジュールには余裕がある、とおもっていた。

それが、えんえんと延びた。決まるべきことが決まらず、決まらなくてよいことだけが倍々ゲームで増えていった。いつのまにか梅雨になり、夏が過ぎた。地球の裏側では真冬から春になり、三崎は秋から冬になった。そしてついに、年をまたいでしまった。

とある晩、大竹さんと電話で話した。

流れが悪い、と、大竹さんはいった。いまこのままいってもろくなことにならない。このチームはいったん解散しよう、と。

わかりました、と僕はこたえ、電話を切った。編集者に電話し、宇和島の大竹さんちに挨拶にいってほしい、と告げた。

翌月、東日本を震災がおそった。陸と海のあわい、あらゆる港に津波が押し寄せ、さまざまなものを呑みこみ、目にみえない場所へさらっていった。

#19
家

二〇一〇年の夏、園子さんといっしょに日の出の家を片付けた。夏の陽ざし以上の透明な光に満たされ、園子さんは、顔もおなかもまんまるにふくらんでいた。

三崎以外の、ふたりで住まう家を、前年の冬、信州の松本から京都へ移していた。そのうち、園子さんのなかで胎児が育ちはじめ、生まれてくるこの子のためにも、住処は京都に集中させよう、ということになった。

三崎からいなくなる、という意識はまったくなかった。日常で住む家がなくなったとしても、僕と三崎は、もうだいじょうぶだ。僕の母港は三崎だ。園子さんと赤ん坊を連れ、しばらく外へ航海にでかけるのだ。

二階の本、毎日ぶらさげて歩いた買い物かご、ちゃぶ台や石油ストーブ。まるいちや、ＭＰの藤沢さん、医師の来田さんらに託し、しばらく預かっておいてもらった。

ウォーターベッド、ソファ、ＶＨＳのプレイヤーなど、軽トラに乗せて、市の「環境センター」までせっせと運んだ（運転は英くんと、弟の孝典にお願いした）。

黒いチェスト。鉢植え。でかいぬいぐるみに割れバケツ。ゴミは、いくらでも出た。まるで家の押入に、次元をこえてゴミを噴出するトンネルが開いてるんじゃないか、というくらい、次から次と、あたらしい大物のゴミが現れた。

環境センターには軽トラごと乗れる巨大な重量計がある。ゴミを荷台に積んだままはかりに乗ったあと、穴にゴミを落とし、ふたたび軽トラをはかりに乗せる。と、目方の差がゴミの重さになる。一キロで十円。三往復し、およそ四千円くらい支払った。うちの暗闇に四百キロ以上のゴミが眠っていたのか。

次の日、押入をあけて、

「ギャー!」

と叫んだ。

手つかずのゴミが満載されている。ゆうべ全部センターまで運びあげたはずなのに。汗みずくになって軽トラに運び、まるいちの英くんに頼みこんで運転してもらった。家にからかわれているような気が、ずっとしてた。

片付けが半ばすんだ、七月二十四日の夜、家が語りかけてきた。

日中は園子さんの慰労をかねて、観音崎京急ホテルの大浴場にいった。横須賀の串焼き家さ

んで夕ごはんを食べながら、

「おれ、京都に住んでるとか、三崎に住んでるとかいうより、日本に住んでる、って感じするわ」

といったら、園子さんはきょとんとしていた。京急バスで東岡まで帰り、何千回となく通った、市役所の前の坂をくだって日の出の家に帰った。

夜中、寝息をたてる園子さんの横で、僕は窓のむこうで光る城ヶ島大橋を眺めていた。僕はこの家を出ていくとき、いったいなにをいうんだろうなあ、なんて考えながら。

ふと気づくと、眠っているはずなのに、いや、明らかに熟睡しているのに、なにか自然現象のように園子さんの右腕が浮きあがり、軽く握った団扇を僕のほうへ、ヒョイ、ヒョイ、ヒョイ、と仰ぎはじめた。

僕は園子さんの手からそっと団扇を取り、ヒョイ、ヒョイ、すやすや寝ている顔のほうへゆるく風を返した。と、その瞬間、そちらとは反対側、さっきまで見ていた窓の外の風景のほうから、ブワアアッ、と音が聞こえるような勢いで、空気のかたまりが、まるで僕を後ろから押すように、まともに背中へ吹きつけた。

家じゅう濃厚な、諸磯の岩場に鼻をこすりつけたみたいな、清冽な潮の香りが充ち満ちていた。家が見送ってくれている、と僕は気づいた。

目をつむり寝息をたてている園子さんのなかに、たったいま、小さな三崎がはいった。そのミニ三崎に、ミニしんじがいる。ミニまるいちがある。ミニニューバッカスが、ミニ八百兵が、ミニ三浦市立病院がある。ミニのんちゃんが、ミニかっちゃんが、ミニ英が、ミニ佐々木さんが生きている。いつかそのミニ三崎が、現実のこの三崎に、モンテビデオのように、溶け出していくときが必ず来る。そのとき僕は、三崎に帰っていくのだ。

日記にはこうある。

もうすぐ出ていくこの三崎の家と、ほんのわずかなあいだ、簡単な語らいをした。自分がいまそのなかにいるというのに、僕のなかにもうすでに、小さなミニ「この家」が入っていることに気づき、驚き、喜び、こういうことのために自分は生きているのだなと思った。

家は生きている。

自分以外の人が生きている喜びと同じように、その感覚は僕を背中からゆるくつつむ。園子さんのスヤスヤを聞きながら、自分のなかに入っている家のなかでゆっくりと目をとじる。おやすみなさい。

ありがとう、家。

＃20 いしいしんじ祭

二〇一三年九月二十八日の朝。

公園から商店街にはいる入り口に、横断幕が掲げられた。

「三崎　いしいしんじ祭」

もうすぐ三歳になる息子のひとひが拡声器を握りしめて叫ぶ。

「おまつり、はじまるよー！」


日の出の家の表札をまるいちの二階に引っかけ、京都に家を移し、三年が経っていた。僕は何度も三崎にもどり、ビールを飲み、魚を食べ、みんなと語らった。

恩返しのお祭をひらきたい、と思った。ＭＰの藤沢さん、医師の来田さん、三崎館の渡辺さん、市役所の石川さんらがブレーンとなってくれた。

三崎へ、三崎に来たことのないひとをおおぜい呼んで、三崎を好きになってもらう。僕の知っている芸達者なひとたちに、下町の路上でパフォーマンスをしてもらったり、三崎のいろんなお店に、特別サービスしてもらったりする。

パフォーマンスの参加者は、音楽評論家の湯浅学さんが率いるバンド「湯浅湾」。

奇天烈パフォーマンス集団「鉄割アルバトロスケット」。

作家の朝吹真理子さん、英文学者の都甲幸治さん、歌人の東直子さん。

僕は、人前で即興で小説を書き、マイクで読みあげていく「その場小説」を二回おこなう。

地元のお店がたくさん、お祭に協賛してくださった。


嶋清さん。

三崎館本館さん。

丸石自動車さん。

やなぎやさん。

立花さん。

咲乃家さん。

まるいちさん。

篠田仏具店さん。

八百兵さん。
牡丹さん。
サヴォリクラブさん。
浜島接骨院さん。
くろば亭さん。
ＭＰさん。
サトウ薬局さん。
ポパイ食堂さん
タカラヤさん。
まぐろラーメンズさん。
ニューバッカスさん。
三浦市立病院のみなさん。

僕は一軒ずつポスターを書き、それぞれの店のキャッチフレーズを添えた。
お祭の日までに、すべての協賛ポスターがメイン受付となる「牡丹」前の駐車場に貼りだされた。

祭の直前、いかにも三崎らしい「事件」が起きた。

祭の二日前、主要メンバーがみな顔をそろえ、牡丹でチャーシューをつまみながら焼酎を飲んでいた。そこへ、三崎館の渡辺さんがあらわれ、

「きのうから、うちに、イシイシンジって同姓同名の旅芸人が泊まってんだけど。すごくない？」

といって、みんな、ガク、とずっこけた。向こうも祭のポスターながめて、

「ほお、おれとおんなじだ」

と感心していたそうな。

牡丹のリョースケくんは、

「すごいじぇん、いしいさん。祭の前にふたりに増えるなんて」

矢野さんは、

「ドッペルゲンガーに会うと死にますよ」

真面目な顔でそういった。

そして翌日、つまり祭の前夜、事件は意外すぎる展開をみせる。

渡辺さんが宿で、イシイシンジに宿泊代のことを切り出すと、ものすごい剣幕で怒りだし、今日の午後六時、芝居をやっている「うらり」に取りに来やがれ！　てなことになった。渡辺

さんが早めにいってみたら、イシイシンジはベロベロに酔っていて、芝居どころじゃない状態になっていた。

渡辺さんを見るといきなり「やんのか、こら。外でやがれぃ」といきりたち、やみくもに暴れだし、うらりのまわりをパトカーが取り囲み、騒然とした状態になった。

ノブさんがビールを飲みながら、

「いーねえ、いーねえ。いしいさんの影武者が前夜祭やってんじぇん」

そのとき、暗がりからふらり、ひとつの影があらわれた。

「くーっくっくっく。ヨウー」

「あ、野地！」

「のんちゃん、帰ってきたの」

硫黄島帰りの野地くんは、石炭みたいに日焼けしていた。影だと思ったら光が当たって真っ黒なのだった。

「やっぱさあ、オレいねーと、なーんもはじまんねえからさあ」

ニヤニヤしながら野地くんはいった。そのとおり。野地くんは僕のため、祭のため、遺骨をほったらかして帰ってきてくれたのだ。

当日は朝からよく晴れた。東京、横浜、東北や関西から、初三崎の、若いひとらが、海と空の青さに目を細めながら、下町の路地を歩きまわっている。

ひとひの発声ではじまり、参加者一行はぞろぞろと海南神社に移動した。三崎で祭、というならまず、ここにお詣りしなければならない。夏の祭礼で、神輿とお獅子がくぐる鳥居の下を、何十人ものひとが頭をさげて通りぬける。

境内の、神楽殿をとりかこむようにパイプ椅子が並んでいる。一行は、なにがはじまるのかわからないまんま席につき、清冽な、ほんものの神社の空気に息をつく。

神楽殿の木戸がはずされる。

なかには僕が、テーブルと椅子についてすわっている。左手にマイク、右手に鉛筆をもち、小説を書き、読んでいく。その場小説「祭」は、書き上がったあと、海南神社に奉納された。これで正式に、祭の始まりだ。

鉄割アルバトロスケットの公演は、本瑞寺《ほんずいじ》の長い長い長ーーーーい階段を客席とし、昔のイワノ薬局、いまのみうら映画舎の横のスペースに、即席の掘っ立て小屋を建てておこなわれた。

東京での公演は毎回、予約開始とともにチケットが完売。いま大人気の鉄割が、三崎の路上で、無料で見られる。

一見、なんだかよくわからない演目だけれど、メンバーはみな、ひとりびとりがピンで舞台に立てるくらい芸のレベルが高く、芸歴も長い。初めてのひとははじめ面食らうが、三分も経たないうちに、首根っこをひっつかまれたかのように、鉄割に引き込まれてしまう。

本瑞寺の階段に、笑いが渦巻く。まるで階段を跳ねるボールみたいに、笑いが跳ね、下町の屋根に落ちていく。

「なんだありゃ」と、くろば亭の大将が出てきて、腕を組んで見あげる。

しばらく眺めたあと。「あいつら、バカだなあ。気に入ったよ。応援したくなんじぇんよ」

公演は二日目にも同じ本瑞寺下の階段でおこなわれた。噂になったみたいで、階段が、ぅねるお獅子の背にみえるくらい、おおぜいのお客さんがあつまった。戌井くんの怒声に湧き、奥村くんのボケに階段が揺れた。

初めて三崎にきたひとの笑顔と、ずっと三崎に住んでいるひとの笑顔とが、パレットで絵の具をこねたみたいに、ぐるぐるに混ざりあっていた。

晴天の休日とあって、まるいちにはいつも以上にお客さんがつめかけた。店の横で野地くんが阿呆なことをはじめた、ときいて見に行った。

「まぐろわなげ」

と書いてある。

土間にマグロのカマ、つまり頭が、むきだしで九つ。その脇で、縄製の輪っかをもった野地くんがいつものイー声で、

「まぐろわなげだヨー。しょうひんは、ぴかぴかの、あじトカー、きんめトカー、あたんからヨー」

カップルや子どもが輪っかをカマに投げつける。マグロは煙たそうに目をそっぽに向けている。

鉄割の戌井くんが見に来て「いやー、負けたっすわ」といっていた。三崎の野地くんには誰もかなわない。


初日の夕暮れ、三崎港のバス停、いわゆる「公園」で行われた「湯浅湾」ライブほどかっこいい演奏を、僕はそれまで、他にきいたことがない。というくらいにそれは、かっこよかった。湯浅湾のファーストアルバムのタイトルは「港」という。湯、浅、湾、港。すべて、さんずい偏。水っぽい、というわけではない。バンドの奏でる音は男っぽく、どこかざらついている。

遠洋漁業の船が何万と出ていった三崎の埠頭にぴったりだ。

メンバーの四人は海に向かって楽器をかき鳴らし、海はそれに波風でこたえた。だんだんと日が暮れてゆく。コードが薄暮をふるわせ、ノイズが星を撃ち落とす。冬でもないのにえんえんと、西からの風がバンドに吹きつけていた。

顔が夜気に溶け、もうほとんどなにも見えなくなって、アンコール曲『ミミズ』が闇に這いだした。スローなのにハード。猛り狂っているのに気はやさしい。ノイズのなかでまぐろが跳ね、巨大なミミズが潮のなかでぴちぴち痙攣している。僕の耳には、バンド全体が黒い夜の海原へ沈みこんでいくようにきこえた。音楽の力で、あのとき祭の参加者はみんな、三崎の海の底で、太古の記憶を取りもどし、エラ呼吸でうたっていたのだ。

祭の夜は、さかなと酒と、おんなこどもが入り交じった。

牡丹前の駐車場に机をならべ、都甲幸治さん、東直子さん、朝吹真理子さん、ひとひと僕が顔をならべ、港や海や、ことばの話をした。途中でひとひが朝吹さんにちょっかいを出しはじめた。

帰りのバスも京急線も、もうないはずなのに、夜の商店街がにぎわうくらい、お客さんは残っていた。

「わたし、サンポート」

「おれ、三浦海岸に泊まります」

「知り合いが油壺にいるんで、泊めてもらいます」

出演者とその家族は三崎館本館と立花さんに泊まらせてもらった。眠り顔のひとひは、玄関先の猫をいつまでもいつまでも撫でていて、そのうち自分が撫でられているかのように眠りこんでしまった。


住んでいるひと、泊まったひとでないと、三崎の朝は味わえない。

どこかすっからかんな、空っぽの、なんにもない朝。ただ空は澄み、海は凪いでいて、なにかはじめてもいいし、なにもやらず、ただ座っているだけでもいい。

いま思えばそれは、三崎の夏の、毎年の祭礼、その二日目の朝に似てる。そうか、あの爽快ながらんどう感は、いしいしんじ祭、二日目の朝だったからなのかもしれない。

澄んだ空気のなか、サトウ薬局社長の佐藤さんの豪華クルーザーに乗せてもらった。北条湾から城ヶ島の脇をかすめ、相模湾の、江ノ島がみえるところまで。

朝吹真理子さんは、

「クルーザーって、もっとイモものかとおもってたけど、こんなにカッコイイもんなんだね」

といった。船というより、馬に近いかもしれない。おおぜいを乗せ、波を切って走る海の駿馬。

二日目のメイン会場は、高野湯の跡の空き地となった。ここだと日の出や入船のおじさんおばさんらが気軽に来られる。

湯浅学さんが生ギターをもってひとり空き地に立つ。

「猿に似たおばさん」

「ゆらたま」

「シェーの果て」

「柔らかい太陽」

湯浅さんが高野湯の、お湯の湧きでていたあたりに立ち、音とことばをポコポコ、温泉のように溢れさせている。見に来ているみなの顔がポッと上気して、まるで湯上がりみたいにほんのり赤く染まる。

いつまでも、こうしていたい。祭が終わりつつあるとき必ず襲われる感覚。時間の流れが未来みたいにゆっくりになる。湯浅さんのあと、机と椅子を並べ、マイクをたてて、僕は鉛筆をもって空き地にすわる。

その場小説「日の出」がはじまる。

いくつもの陽がこの町にのぼり、猫の背を温め、ひとを包み込み、土地を守る。日の出の路地から何人もひとが現れ、遠巻きに見まもってくれる。あのおばさん、あのおじさん。屋根の上から猫も見ている。僕はこの小説を書き終わりたくないとおもった。ずっと書いていれば僕は永遠に三崎のなかにいられるのだ。

波が打ち、風が吹いた。

気がつけば小説は終わっていた。そして、いつもと変わらない三崎が僕のまわりにあった。そこにいた全員で海南神社にいった。柏手をうって頭をさげる。恩返しとかなんとかいっておいて、今回も三崎のひと、三崎の町、三崎の海にお世話になりっぱなしになってしまった。僕が三崎に恩を返せる日はたぶん永遠にやってこない。僕にできるのは、三崎のことを書きつづけ、そしていつか、三崎に帰ってくることだけだ。

ありがとう、三崎。

#21 タバコ

二〇一五年三月十四日、京都で園子さんの携帯電話が鳴った。

美智世さんからだった。

五日後、僕ひとりで、横須賀の病院を訪ねた。ノブさんがばかでかい音でテレビつけて座っていた。

「なんで来ただよ！」

「ノブさん、ＭＲＩの機械にはさまって死んでしまうかもしらへんし、死ぬ前に会うて、笑っとこ、て思て」

病院のノブさんは、こんな飯食うノブさん見たことない、というくらい、食欲旺盛だった。この四日間、禁酒禁煙。ふだん缶ビールとイカでしか栄養をとっていないひとが、毎日三食を食べている。これできっと、もとどおりに戻る、それどころか、相撲取りみたいにブクブク太る、そう思った。

一週間後、美智世さんからまた電話があった。夜中までの長い話のあと、通話を切った僕は、畳の上で膝をかかえてまるまった。

次の日、矢野さんから電話があった。ノブさんのことか、とおもったら、そのことも話したが、用件は別だった。

「きのう、東京で、大竹さんと会ったんですよ」

矢野さんは声をひそめていった。

「いしいさんの、あの『モンテビデオ』どうなってる、ってきかれました。もうそろそろ動きだしたほうがいいんじゃないか、って。もちろん、ノブさんのこと、大竹さんなんにも知らないですよ。でも、『モンテビデオ』の本、またスタートさせたほうがいいって、いしいさんにいっといてくれ、って」

僕はまるまっている場合ではなかった。大竹さんに電話し、ノブさんの事情を話すと、

「すぐやろうよ。文章も絵もあるんだから、もたもたしてる場合じゃない」といってくれた。装幀家の池田さん、担当編集者の尾形さんにもすぐ連絡をとった。出来うる最速のスケジュールで、この世に『港、モンテビデオ』を本のかたちで出す。

毎晩、空をみあげた。京都のこの空をえんえん伸ばせばそこは三崎につながっている。空の上から僕はまるいちの二階の窓を覗く。ノブさんが競馬新聞をひらき、美智世さんが電卓を指で叩き「あー」「もー」とかいっている。そうでなければいけない。そのはずなのに。

池田さんから提案があり、版元から出版し書店にならぶ正規版でなく、バーコードもなんにもついてない私家版を先に作ることになった。さまざまなことを含めた光の輪が、考えや理屈が追いつかないスピードでまわりつづけた。池田さんも僕も、まるいちのみんなも、必死で手をのばし、指先でそれに触るのがやっとだった。

五月にはいり、ノブさんは店に出なくなった。十八日の朝を最後に、市場にもいかなくなった。二十一日の夜、電話に出てくれたノブさんは、受話器のむこうで「かあっ、かあっ」と息をついていた。いや、まだ元気だ。まだ息を吸い、息を吐いている。

二十四日、園子さん、ひとひと僕は、「サウンド・オブ・エンジン」というホンダ主催のイベントのため、鈴鹿サーキットに来ていた。ひとひがスーパーフォーミュラのマシンに乗りこんでいたとき、園子さんの携帯電話がまた鳴った。美智世さんからだった。どんなマシンの、どんなエンジンのエグゾーストノートより、その声は大きく、深く、僕のこころに響き、感じたこともないくらい広い波紋をつくった。

波はいま、ノブさんに届いている。そんな気がした。

ノブさんはもう数日前から、薬のため、意識がかたちを取らず、いま、ここ、という感覚も四方に溶け出していた。だから、僕の驚きも園子さんの祈りも、まちがいなく、ノブさんには伝わっているはずだ。

その夜、美智世さんに電話した。ノブさんはこの朝、「さかなが全部おわって、よかったなあ」とつぶやいたらしい。「ほんと、はっきりした声だったのよ」と美智世さんはいった。美智世さんの声は、夕暮れの光のように、輪郭がぼやけていた。

翌二十五日朝、園子さん、ひとひといっしょに三崎にむかった。美智世さんからは「ゆっくりきてちょうだい」と電話があったが、京都の家から三崎まるいちまで、ワープしたみたいな実感だった。

まるいちの階段を駆けあがり、二階のドアを開けるやひとひは、

「のぶさーん、ぴっぴ、きたよー！」

と叫んだ。ベッドがあった。ノブさんが仰向けに横たわっている。背中やほかのところが痛いらしく、しょっちゅう寝返りをうとうとする。声は出せないけれど、こちらのいうことは全部よくわかる。だから、僕たちと孫たちがベッドをとりかこんで声をかけたとき、横向きのまま、腕を上にあげ、顔を隠すようなしぐさをした。目の縁から透明なビールがこぼれるのが見えた。その晩から三人で油壺の観潮荘に泊まった。

翌二十六日、どことなく、お祭めいた空気がまるいちの周辺に充ち満ちた。医師の予想をこ

えてノブさんは生きていた。ぜったい陸なんかにあがってたまるかとふんばるクロマグロのようだった。

ベッドのまわりで、こどもたちははしゃぎ走りまわり、ベッドのなかでノブさんは口をあけてその声や騒ぎをきいていた。これじゃあ逝っちゃう気になんてなれないね、と美智世さんは笑い、園子さんも笑い、ふたりでごしごし、ノブさんの全身をさすった。親戚も友人も腐れ縁のひとも、みな同じ部屋に集結していた。ノブさんは痛そうだった。が、ひとが来るたび必ず持ち直した。

二十七日の早朝、観潮荘の座敷で、園子さんの携帯電話が鳴った。美智世さんだった。声をひそめ、ごめん、もうそろそろかもしれないから、こっち来てくれますか。

外に出てみると、なんにも見えない。真っ白い煙が、海を、景色を、三崎の町並みを隠しつくしている。この季節には珍しい。

三人でタクシーに乗りこむ。

「おとーさん、これ、なに?」

「霧、っていうねん。あさぎり。あさの、きり」

「ちゃうで」とひとひ。「これ、三崎が、タバコすうてんねん。だから、きょうは、ノブさん、いくらでも、タバコすうてええねん」

絶句した。

二階にあがるとノブさんはまだ息をしていた。力強く。深く。一分に五回。ヨガの修行僧のように。

美智世さんに、ひとひのことばを伝えると、涙を流しながら笑った。

バン、ゲン、ルカ、ぴっぴら、子どもたちに、新たなミッションが下された。ノブさんがまだなんとか動けたとき、いつか吸える日のため、家じゅうに隠したタバコをすべて探しだすこと。あらゆるところで見つかる。メビウス。階段のとちゅう。植え込みの鉢のなか、窓の桟。子らは歓声をあげ駆けもどってくる。

美智世さんが、吸えないメビウスをくわえて火をつける。すぐ吸いこむねん、と教えてあげる。美智世さんは吸い、ノブさんの上に、三崎の朝霧を吹きつける。何度も、何度も。ノブさんが、あーう、あーう、朝の猫みたいに口をあけて吸いこむ。顔に少し、赤みが差したようにみえる。

「ビールも、のませちゃえ」

と美智世さん。脱脂綿にバドワイザーを含ませ、乾いた唇を拭く。口のなかも拭く。まちがいない、頬や額が、ほのかな桃色に染まっている。

「ねえ、どうしよう」と、泣き笑いの美智世さん。「ノブさん、タバコとビールで元気になっちゃった」
ジャズのスタンダード曲に、「エヴリータイム・ウイ・セイ・グッドバイ」という曲がある。「わたしたちが、さよならをいうときいつも」という意味だ。

わたしたちがさよならをいうとき　いつも
わたしは　少しだけ死ぬ
わたしたちがさよならをいうとき　いつも
わたしは　ふしぎでたまらない

わたしたちの上にいる　全知全能のはずの神様は
いったいどうして　わたしたちを　別れ別れにさせてしまうのか

でも、次のようにもとれないか。
おはよう　こんにちは　ひさしぶり
呼びかけるたび　わたしたちはいつも　少しだけよみがえる

わたしたちの上にいる神様は
なんの縁もない　ばらばら同士だったわたしたちを
なぜこんなふうに　結びつけてくれたのか

この日の夕方、僕たちは「いったん」京都に戻った。その夜、息子の英くんは、お見舞いの席を「いったん、解散」宣言をした。ひっきりなしにお客がやってくる。たえず誰かがすぐそばにいる。そんな状態で、てめえひとりで勝手に、とっとと死ねるかよ、と腕を組んでがんばる。ノブさんは、そういうひとだ。

ひとり、またひとり、ベッドのそばを離れた。家のなかの空気はだんだんと平らかに凪いでいった。そして夜半過ぎ、最小限の家族にとりまかれ、ノブさんは、三崎の空気に溶けた。

目に見えない、透明な存在になったから、これからは京都でも東京でも、地の果てであっても、朝昼晩、いつでもノブさんには会える。おはよう、こんにちは、ひさしぶり。

呼びかけるたびノブさんはいつも、苦み走った笑みを浮かべ、缶ビールを手に、三崎の朝霧につつまれてよみがえる。

おはよう、ノブさん。

#22

蓄音器

『港、モンテビデオ』の私家版が完成し、装幀家の池田さんみずからの手で三崎に届けられたのは、七月八日。ノブさんの四十九日法要の朝だった。

これは、間に合った、というべきなんだろうか。黒さんをモンテビデオから連れもどす本が、同時に、ノブさんの旅立ちを見送る本になろうとは。

カバー絵は、大竹伸朗さん。

奥付には、結婚してまだ間もない、ノブさんと美智世さんのツーショット写真がのっている。

題字は、まるいちの値札を池田さんが調べつくし、ノブさんの描いた「港」「モ」「ン」「テ」「ビ」「デ」「オ」を集めてくれた。著者名の「い」「し」「い」「し」「ん」「じ」もノブさんの手跡。

二〇〇四年の真夏、僕と園子さんの婚姻届に、保証人として、署名してもらったのを思いだす。「だいじょうぶかよ」とノブさんは笑った。「オレの名前なんて書いちゃあよ、役所からきっと、つっかえされてくんぞ」なんていいながら書いてくれた、達筆な字。

提出してすぐ、ほんとうにつっかえされてきたから驚いた。緊張した僕が、本籍地の欄を書き忘れていたのだ。なにしろ初めてなもので。

法要のあと、なつかしいひとたちと会い、グラスを重ねているうち、このお盆過ぎに祭をひらいて、みなでノブさんを見送ったらどうか、という話になった。

お盆が過ぎた八月二十三日、一日かぎりの「２０１５　三崎プチプチいしいしんじ祭」がスタートした。会場は、三崎館本館の、大正時代につくられた大広間。

そして、またしてもちょうどこの日、『港、モンテビデオ』の正規流通版が、河出書房新社から発売された。というより、まだ世界のどの書店でも売られていない。河出書房のみんなが茶色い包みをテーブルの上でばりばりと景気よく破っていく。『港、モンテビデオ』が売られているのは、世界でいま、ここ、三崎館の広間だけなのだ。

先陣をきって、鉄割アルバトロスケットのパフォーマンス。祭の規模に合わせて、メンバーもふだんより少数だ。けれども、笑いは大きい。

はじめ「なんだこれ、笑っていいのか、だいじょうぶなのか」と、遠巻きに見ていたひとたちも、公演の終わる頃には手をたたき、涙をながして爆笑しながら、もっと見たい、もっとつづけてほしい、次の公演はいつ、と、前のめりになっている。鉄割はだいたいいつもそんな風だ。

湯浅学さんは今回も「ひとり湯浅湾」で出演してくれた。旅館の大広間がこんなにも似合うロックシンガーは他にいないだろう。

生ギターの弦がふるえ、部屋の空気が波打つ。毎日は一日だ、毎日は、ひとつの日。ひとひが生まれたとき、湯浅さんは「一日」という歌を送ってくれた。出会いの日。別れの日。一日ずつ、つながってまわってゆく。そうして遠くで一周し、こっちへまた、もどってくる。

波打つ海上を、ちゃうわ、会場を見わたすと、小柄な女の子がひとり、背をまるめ、泣きじゃくりながら聞き入っている。きっと三崎の猫（かわいい。メス）がもぐりこんだのだ。

僕の「その場小説」は、どんな風になったかよく覚えていない。物語の先端で、向かい風を浴びながら、前へ前へ突き進んでいくようなもので、全体を俯瞰して見わたすことはとてもできないのだ。ただ、書いているあいだじゅう、足のひょろ長い黒い羽虫が一匹、机の上、客席、僕のまわりを、えんえん飛びまわっていた。だから、たぶん虫は、物語のなかにはいりこんだとおもう。

あとで来場者のひとりが、「ノブさん、来てましたね」と僕にささやいた。あ、あの虫のこと、と合点がいった。

祭の最後に、三崎館の渡辺さん所有の蓄音機キングくんに登場してもらった。キング、というメーカーが作ったからキングくん。京都のうちにあるポータブル蓄音機は、コロムビア製だからコロちゃん。

ノブさんが好きだったろう曲をかけた。エルヴィス、三橋美智也、トニー谷。大広間の床から天井のあいだで、黒い羽虫が零戦のように宙返りをくりかえす。

ネルーダの故郷チリのざらついた音楽をかける。ニューオリンズのジャズを、港町リスボンのファドをかける。

最後に、エラ・フィッツジェラルドのうたう「私たちが、さよならをいうときはいつも」をキングくんのターンテーブルに乗せた。いまここで集まっているひとも昨日まではみな縁もゆかりもなにもなかった。ノブさんがここに皆をあつめ、そして宴が終われば、またそれぞれ別の道へと散ってゆく。でも歌がつづくあいだはみな間違いなく「ここ」にいる。

ひとりひとり、生まれてから死ぬまで引かれていく、透明な一本の導線。いま百数十本が束になり、蓄音機の響きに合わせて波打っている。僕たちは互いにらせんを描き、超ひもとなって振動する。ひととひととの出会いの謎は、現代物理学でも解明できない。

僕たちは出会い、そして別れる。

僕たちは別れ、そして出会う。

みんな港を出港し、そしてまた、港に帰ってくる。

歌が終わる。宴が終わろうとしている。

美智世さんが涙を拭いながら笑っている。

「もう、どうしてしんじさん、ノブさんが好きだった曲わかるの」

気がつけばもう、美智世さんしか残っていない。何十畳もの大広間を見わたしながら、「ここ来たの、もう何十年ぶりかしら」と美智世さんは吐息をつき、「今日で二回目」

「え？」

「前は、披露宴だったんだもん」少しいたずらっぽく美智世さんはいった。「ノブさんとね」

「そんな」

ときがとまる。黒い羽虫が音をたてず、鴨居に着地する。三崎館本館の、この大広間がゆっくりと、太古の動物の肺のように膨らんだり縮んだりしている。たったいま、披露宴が済んだ、そんな風に、潮をはらんだ空気が無音でぷちぷち弾けている。その障子の裏には飲み過ぎて唄いすぎた二十代のノブさんが大の字に寝っ転がっている。

美智世さんを椅子に座らせ、あらためて蓄音機をむけた。隣に透明なノブさんが、お盆おわったのにまだイケねーじぇん、けったりーなー、って顔で、でも美智世さんと肩を並べて座っている。

ふたりに向かって、プラターズの「煙が目にしみる」をかける。どこからか霧が吹き出して大広間を真っ白に染めていく。三崎がタバコ吸っている。ノブさんはだから、いつまでだってタバコを吸っていい。美智世さんの顔が煙で見え隠れする。二十代の、いま現代の、そして未来の。ノブさんの顔はいつだって変わらない。魚たちの王、三崎いちの目。みんなのおやじ。僕の親友。

煙が目にしみてなにもみえなくなる。蓄音機の声だけが三崎の町に木遣りみたいにひびく。ひとが打ちよせられ、結びつき、何度出ていってもまた戻ってくる、祭の港町。

三崎がこの世にあったおかげで、僕はいまも人間として、生きて、暮らしている。猫として、や、トンビとして、でも、まあよかったかもしれない。魚として、でもいい。いつか魚に生まれ変わったら、まるいちの店先で野地くんに、あのラッパみたいな声で名前を呼んで売ってほしい。晴れた青空におおわれた三崎で。

頼んだで、のんちゃん。

#23

いつも帰ってくる

二〇一六年五月三日、五歳のひとひとふたりで三崎に帰った。日の出のバス停でおりて、ゆるやかな坂にさしかかると、はやくも猫ったまがゴロゴロお出迎えだ。ふたりでゆったり歩きながら、

「おとーさんが住んでたおうち、あれ、あれ？」

「ちゃう、あれは、ニコニコしょくどう」

「じゃあ、あれ？」

「なんでやねん。あれ、ちゅうしゃじょうやんけ。浜島さんとこの」

立ち止まって僕は、モチクの下の白ペンキの木造二階建てを指さし、

「あれや。おとーさんがずっと住んでた、なかよしのおうち」

「ふーん」

とひとひ。

「なか、はいれへんの？」

「はいれへん。カギかかってるし、おとーさん、もうカギもってへんし」

するとと五歳児は、思ってもみないことをした。トトトト、と走りだし、家の正面にたどりつくと、サッシの引き戸に手をかけ押しあけようとしたのだ。

「おとーさん」

ふりむいて笑った。

「カギ、あいてんで」

からからから、と引き開ける。なんやなんや、大家さんが来たはんのんか。ひとひのうしろから、引き戸の隙間に顔をつっこむ。そうして息を呑んだ。一階の床板が引っぱがされ、土間がむき出しになっている。毎日魚をさばいた水屋はあとかたもない。ついに、ああついに、この家も打ち壊され、駐車場になってしまうのか。

「すんませーん、すんませーん」

大声で呼ばわる。二階から、ひとの気配がもれてくる。船長さんの階段が、みっし、みっし、と鳴り、頭にタオルを巻いた、がたいのいい若者がおりてきて、

「なんすか」

「あの、この家、トリコワシですか」

と、僕は性急にたずねた。

「いや、あの、僕、前にここ住んでたもんなんです。だから……」

すると若者は、雲間に陽ざしがのぞいたみたいな顔になって、

「え、じゃあ、いしいしんじさんっすか！」

「あ、はあ」

「ちょうど連絡とろうとしてたんすよ。三日前に工事はじまったんですけど、藤沢さんにいしいさんの連絡先うかがって」

「え、工事？」

現在「三浦ＢＡＳＥ　bed&breakfast ichi」のご主人成相修さんは家じゅうを見渡し、

「仲間たちと手作りで、ここ、ゲストハウスにしようと思って」

と、人なつっこく笑った。


二〇一八年十二月、ひさしぶりに三崎へ帰ってきた。八歳のひとひ、年齢不詳の園子さんもいっしょだ。

まず、まるいちに挨拶。英くんにじゅんくん、やっちゃんの男前三人衆。美智世さんがひと

ひとハイタッチを交わしている。透明なノブさんがふわふわ浮かび、自分の吐きだすタバコの煙と一体になっている。

トランクを抱え、日の出へ向かう。自分が長くひとりで暮らしていた家に、家族で泊まる。引っ越してきた当初は、自分の子どもと「船長の階段」をあがることになるとは、ガラス片、砂粒、塵芥ほども想像してはいなかった。いや、園子さんは最初から出入りしていたから、可能性としては、しゃべる馬に遭遇するくらいの確率で、予想していたのかもしれない。

「おかえりなさーい」

と成相さん。通称コロ助。コロちゃん。はいってすぐ、水屋箪笥を置いてあったところがカウンターになっている。引っ越した夜、嬉しさのあまりしがみついてそのまんま眠り込んだ台所の柱は、あいかわらずどっかと根を張り、家全体を祭礼の若者頭みたいに支えている。

雲みたいなあがりかまち。

船長の階段。船員の階段。

脱出カプセルみたいなトイレ。ジャマイカの海岸にあるようなシャワー・お風呂（るなたちがふざけてよく覗いた。対抗して窓からシャワーを振りまいた）。引っ越した翌朝、息をつめて手作りした、洗面所の鏡と棚も、もとのまんま残っている。

階段をのぼると、見あげるくらい空間がひろい。もともと住んでいたときからそうだったが、コロちゃんと仲間たちは、天井板をとっぱらい、二階の天井をいっそう高くした。外した天井板は、家の外壁をかざっている。二階の西側に宙ぶらりんに開いた、ドラえもんも苦笑の「どこへも行けないドア」もそのまんま。

コロちゃんたちは改装するにあたり、この家の「この家らしさ」を、最大限残そうとした。そしてその狙いは、大成功をおさめている。この家はもはや、僕の家ではない。じつは、成相さんの家でもない。ここにやってくるひとみんなの家だ。三崎を訪れ、ここで朝を迎えるひとりひとりが、この家らしさを見いだし、この家「三浦ＢＡＳＥ　bed&breakfast ichi」を育ててゆく。

オーシャンフロントの勝又さんもびっくりだ。歌舞島にいた白い毛のなにかがフワフワ笑っている。なんて幸福な家だろう。

二階の窓をあける。手の届くところに城ヶ島大橋がのびている。青い空と海のただ中をとんびが舞い、赤い橋の上を真っ青なバスが走っていく。目の前の路地には三崎一冴えたデザインの「ニューバッカス」。八百兵のカヲルさんも夢の果物みたいに元気だ。

なんにも変わらない。透きとおった空のむこうに青い宇宙がみえる。晴れた日の三崎は世界一の町だ。

三崎に引っ越してきた出版社「アタシ社」から、新刊を出すことが決まった。編集者のミネさんと、三崎のひとにまず読んでもらえるような本にしよう、と、京都で、三崎で、でろんでろんに酔っぱらいながら話した。

三崎には、住んでるひとの数だけ、いや、けっこうみんな盛るから、それ以上の数の逸話、伝説、物語がごった煮で詰まっている。とても全部は書ききれないくらい。それを、思いつくまんまに書いてみよう。

「あのヤロー、けっきょくなーんもわかってねーべーじぇん」

てなるかもしれないし、

「まあまあ、けっこー見てんじゃん。まーだまだだケド」

てなるかもしれない。

「けったりー、オレにしゃべらせんべ」

てなるかもしれないし、

「こいつ誰?」

てなるかもしれない。

でも、それでも、ちょっとだけ懐かしく思ったり、一瞬笑ったり、三崎で生まれ育ったことを改めて誇りに思ったり、してくれるかもしれない。

それにまた、これまで三崎に来たことのないよその町のひとが、三崎ってどんなとこだべ、ちっと行ってみんか、って、チョイ三崎弁で思いついてくれるかもしれない。

長谷川義史さんに絵を描いてもらおう、と思いついたのはミネさんである。京都のツバクロスッポン食堂で集合し、僕がしばらく、三崎がどんな町か、どんな風景がひろがっているか話すうち、長谷川さんの目は一気に深みを帯びてきて、

「いしいさん、僕、そこ行きたい！　そこの絵、書きたいわ！」

と、たったいま腰をあげ、トランクを提げて新幹線に飛び乗ろうかといった勢いで、長谷川さんはいった。

翌々月、品川駅で待ち合わせ、赤い京急線で三崎口へ、京急バスで三崎港までおり、三崎の下町へ長谷川さんを連れていった。少し離れたところから、歩きまわる姿を眺めていると、長谷川さんは、たったいま長谷川さん本人が描きつつある風景のなかに足を踏みいれ、色を、光を、三崎の風をぞんぶんに浴びて歩き、ときにたちどまって、絵の中でさらに絵を描いているよう

にみえた。埠頭のガードレールによりかかって、本瑞寺の階段をのぼりきったところで、長谷川さんはスケッチブックをひらいてペンを走らせていた。

三崎がひとの輪郭で立ちあがって、みずから自分の風景を描いているようだった。

「2018　第3回三崎いしいしんじ祭」は、新刊「みさきっちょ」の刊行に景気をつけるため、前年の末にとりおこなわれた。ちょうどクリスマスイブの前日。そんな年の瀬に、しかもしとしと雨にもかかわらず、こんなに、と、自動水のみ鳥みたいに頭をさげたくなるくらい、大勢のお客さんが下町に集まってくれた。

アタシ社の根城「本と屯」から、メイン会場の三崎館本店にいく途中、電柱の陰から、「グフフ」と不気味な息がひびいて、あの男が、何度みてもみなれない、フジツボみたいな顔をつきだした。

「やっぱさー、いしーさんがマツリとかやんならあ、オレがいねーとさ、はじまんねーじぇん、フツー。グフフフ」

のじくん。のんちゃん。君に新たな異名をつけてやろう。「いつも帰ってくる男（誰も呼んでないのに）」てぇので、どうだ！

鉄割の戌井昭人さんは、鳩が嫌いだという短編を読みながら、鳩みたいなもんになってバサバサ羽ばたきしながら飛びまわった。本と屯は立錐の余地もなかった。気がついたらほんとうに鳩になって北条湾上空へ飛び去っていった。いまごろとんびと並んでホバリングしているんじゃないか。

湯浅さんの「ひとり湯浅湾」は、今回はとりわけ子どもにウケがよかった。歌の合間、秩父へ引越して庭で荷物を整理していたら、そこへ笑福亭鶴瓶さんが「犬みたいな嗅覚」でやってきた話を披露してくれた。「家族に乾杯」のロケだった。ふたりは大瀧詠一をめぐる縁でつながっており、鶴瓶さんは「大瀧さんが引き合わせてくれたんやねえ」と感激していたそうだ。テレビではそんなマニアックな場面はすべてカットされていた。

作家の石田千《せん》さんは、ふしぎな縁だが、僕の弟（写真家）と三崎にやってきたことがある。そのときにきいた、三崎の歌声について話してくれた。「鳥居」という小説で、三崎の祭礼について、石田さんにしか書けない書きかたで書いている。戌井さんが鳥なら、石田さんは虫だろうか。透明な羽根と複数の目をもった、透明な虫。

三崎館の大広間で僕は、気がついたら「いつも帰ってくる男」の話を書いていた。考えてみれば僕自身もこの異名のまんまだ。いつも帰ってくる。誰も呼んでないのに。あたりまえだ。遠く離れていても、僕はここに住んでいるのだ。呼ばれても呼ばれなくても、ささやかな縁の光が胸の導火線にさしたら、僕は三崎へ、いつだって帰ってくる。

ふらっとやってきたあの日以来はじめて原田郁子さんが三崎へ来た。そうしてミサキドーナツの二階で、二曲限定ライブをひらいてくれた。うたうのはもちろん「かじき釣り」そして「海からの風」。

ピアノの音は夜の階段を軽やかにかけあがった。原田さんの声は町の空をわたり、夜の波打つ海原へ響いていった。

ライブのあと原田さんは、次のように書いて送ってくれた。「歌にふるさとがあるとしたら、かじき釣りと海からの風を、ようやく三崎の空気の中で、歌うことができた！」

祭の夜は更けていった。八歳のひとひは今回あまり会場に顔をださなかった。世間はクリスマスの賑わいを迎えていたが、そういうイベントともあまり関係はないのだった。

中華料理「牡丹」のカウンターで、ひとひはまるいちの若い衆、店に集まってきたおとなたちと顔を並べて、競馬のグランプリ「有馬記念」に見入っていた。生粋の競馬好きだったノブさんはきっと煙みたいに宙に浮かび、赤鉛筆を投げながら、

「ヤメトケ、ばか、馬はヤメトケ！」

怒鳴っていたにちがいない。声をひっくり返して、さも嬉しそうに。

スタートの瞬間、僕は三崎館の広間で「いつも帰ってくる男」の小説を書いている。牡丹のカウンターで歓声がわきあがった。四コーナーをまわって、馬群が一気につっこんでくる。

「きたー！」

ひとひは腰を浮かし、おとなたちとともに叫ぶ。ビール瓶が倒れ、泡が吹きあがる。鹿毛の一頭が先頭でゴールにとびこんでくる。「やった！」

「ちきしょ！」

「あーあ」

「よーし」

息がうずまき、声が波打つ。三崎の夕暮れの底で、カウンターの椅子にひとり座り、ひとひは誇らしげに微笑んでいる。この年の有馬記念、勝ったのは三歳馬ブラストワンピース、ひとひ、それにたぶん、透きとおったノブさんの予想通りだ。

長谷川義史の三崎スケッチ

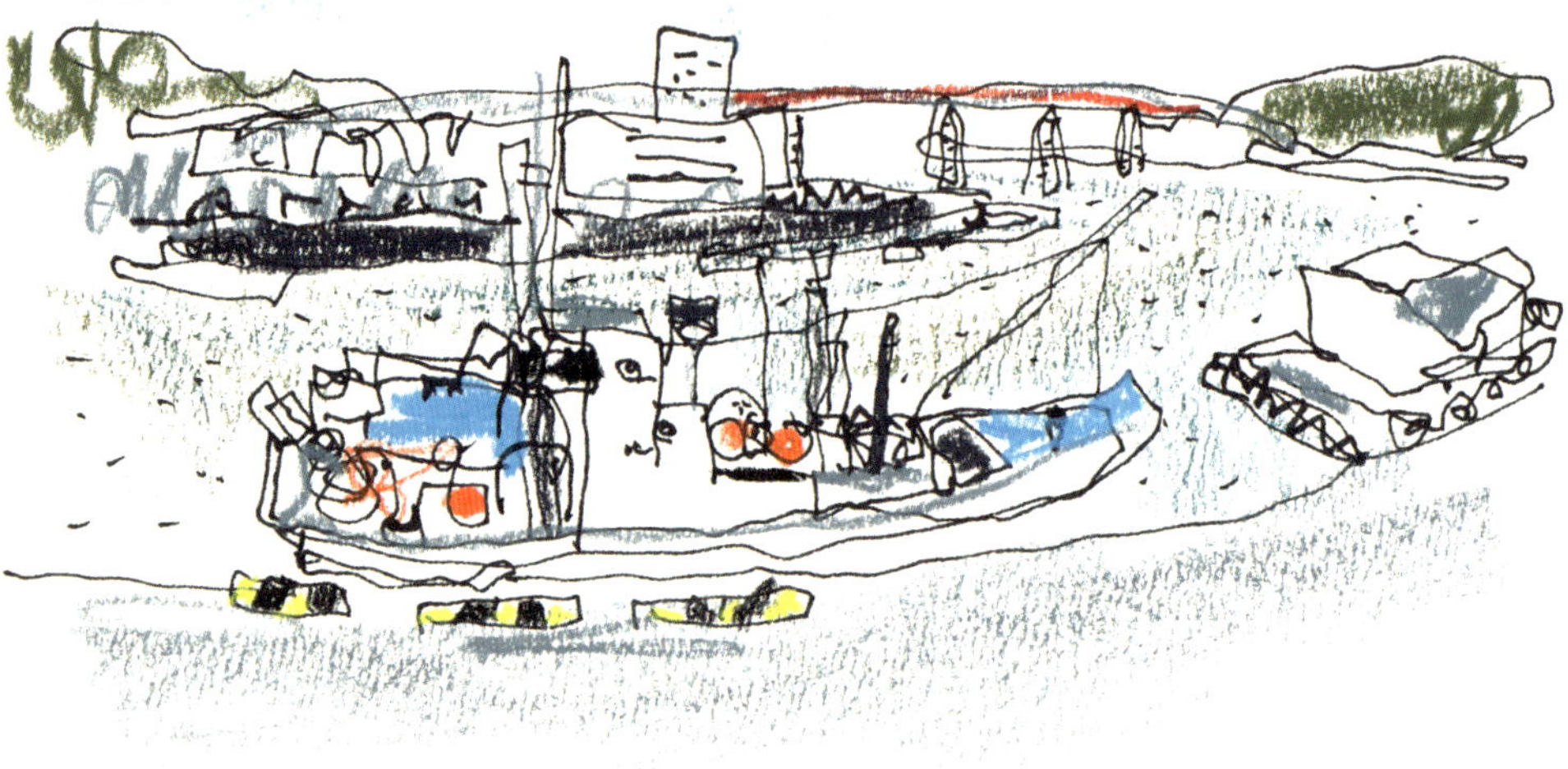

骨だけ

㊀のうら

三崎ケリポ　おつきな

八百兵商店

鮪のかぶと焼　三崎館本店

おばあさん　あるく。

でんしんばしら
だいこん

ひものの
中で
一番
だっ.

ひものに
する
あじ
さばく
おとうさん

道ばたで
ぶつぞう　ほってはる

すなっく セニョール 前
ねこ あるく.

雨あがり 朝

「スケッチですか…どれ？うまいなあ…」
とほめられる。

なに　しゃべってはる？
きこえそうで　きこえへん

三崎地区
一般ごみは 火・金

あっ
ねこ
はしる。

ここにも
おいなりさんが
おいなりさんの
街
なんや

風つめたい。

Profile

いしいしんじと長谷川義史、三崎まるいち食堂にて。

いしいしんじ（写真右）

作家。船。１９６６年、大阪にてこの世へ進水。母港は三崎。現在、京都で操業中。この世に存在しない獲物をこの世へ引き揚げてくる延縄漁を主な漁法とする。子舟の「ひとひ」を溺愛するあまりたびたび沈没しかけ､操舵手の「そのこ」にはまったくもって頭があがらない。燃料はおもに、音楽と詩とお酒。この世でいちばん好きな場所は、晴れの日のまるいち魚店の店頭。この世でいちばん好きな音は、レコードの盤面に針が落ちたときの音。いつか三崎へ帰港する日を心待ちにしながら、風まかせ、波まかせに航海をつづけている。これまでの主な漁獲は、「ぶらんこ乗り」「かじき釣り」「港、モンテビデオ」「トリツカレ男」「ポーの話」「ある一日」「海からの風」「麦ふみクーツェ」など。

長谷川義史（写真左）

1961年大阪府藤井寺市に生まれる。幼い頃から図画工作が大好きで大人になったら絵を描く人になりたいと思い育つ。22歳、徒弟制デザイン事務所に丁稚で潜り込む。24歳、プレイガイドジャーナルに初めてイラストを描く仕事も貰う、ワンカット500円。絵を描くことは諦めず続け、南河内万歳一座のチラシの絵が編集者の目に止まり2000年「おじいちゃんのおじいちゃんのおじいちゃんのおじいちゃん」で絵本デビュー。以後絵本創作に取り組む。すきな食べ物桃。

みさきっちょ

2019年5月31日 初版第1刷発行

著　者　いしいしんじ
発行者　ミネシンゴ
装画・本文絵　長谷川義史
デザイン　三根かよこ

発行所　合同会社アタシ社
神奈川県三浦市向ヶ崎町 1-1
電話　0468-74-8404

印刷・製本　藤原印刷株式会社

ISBN978-4-909713-04-9 C0195